참새 도토리 구름 바다

함께 걷는 우리

2022년 봄

정 다 연 드림

마지막 산책이라니

마지막 산책이라니

정다연

목차

프롤로그

이 책에 그럴듯한 제목을 지을 수 있을까 8p

1부 거친 마음의 날씨에 대처할 때

선 긋기 12p

당신이 길을 잃는 방법 14p

그러데이션 19p

생각보다 비는 자주 온다 21p

투시법 25p

커피와 우유가 한 잔씩 27p

원근법 - 물체가 맞닿은 지점이 가장 어둡다 31p

인물 연습 34p

인물 연습 - 문과 치앙마이 37p

인물 연습 - K와 서점 40p

2부 흩어진 조각이 만든 무한한 별자리

동물 연습 - 고양이 44p

너는 참새야. 도토리고 구름이고 우주야! - 어떤 슬픈 장면 47p

동물 연습 - 토끼 49p

동물 연습 - 벨루가 53p

해피와 코코 59p

자연이 61p

밤이 관찰 일기 - 내 발걸음에 내가 놀라는 순간 64p

사랑하는 존재는 꿈에 잘 나오지 않는다 67p

눈물과 콧물 70p

3부 선을 용감하게 따라가다

첫 번째 아롱이 소묘 75p

두 번째 아롱이 소묘 79p

도시의 이웃들 83p

세 번째 아롱이 소묘 - 여자는 시베리안허스키를 키울 수 없다 88p

이사 91p

반려동물을 떠나보낸 사람에게 해서는 안 되는 말 94p

네 번째 아롱이 소묘 - 계측 96p

너는 작곡을 해. 나는 작사를 할게! - 누텔라와 아롱거리는 밤 99p

이 책이 어떤 책이 되면 좋겠어? 102p

쓸데없는 관심 106p

꽃다발 110p

4부 사랑의 얼굴

다섯 번째 아롱이 소묘 116p
여섯 번째 아롱이 소묘 120p
빛의 소용돌이 - 우리는 좀 더 어두워져야 한다 124p
계절마다 우편을 보내 드립니다 127p
일곱 번째 아롱이 소묘 - 아롱이를 부르면 아롱이가 온다 133p
바다 136p
동물도 천국에 갈 수 있나요? 140p
서로에게 기대서 끝까지 144p
혹시 거기에 있나요? 지금 내 이야기를 듣고 있나요? 148p
최선을 다해 이별을 맞이하는 법 152p
마지막 아롱이 소묘 158p
새해 소원 162p

부록
신시 약쟁이 신인류의 꿈 164p

이 책에 그럴듯한 제목을 지을 수 있을까

　　제목은커녕 어떤 말을 덧붙일 수 있을까. 사랑하는 반려견 아롱이를 떠나보내고 나는 입을 굳게 닫았다. 바깥으로 향했던 문을 하나하나 걸어 잠그고 내 속으로 깊이 침잠했다. 시로 감정을 이야기하는 데 익숙한 나이지만 어떤 말로도 감정을 표현할 길이 없었다. 말을 덧붙일 때마다 슬픔이 훼손되는 기분이었다. 타인의 따뜻한 위로도 도움이 되지 않았다. 모든 언어가 몸에 맞지 않는 장식처럼 거추장스럽고 불편했다. 슬픔을 돌파하려는 몸짓도 무의미하게 여겨졌다. 내면을 환하게 비추던 빛을 하나하나 불어 껐다. 어둠이 필요한 때였다.

　　그림을 배워 보자고, 아롱이를 그려 보자고 결심한 것은 아롱이가 가르쳐 준 삶의 태도 때문이었다. 시구를 인용하고 싶다. 윤동주의 시 《새로운 길》에는 이런 구절이 나온다. "어제도 가고 오늘도 갈/ 나의 길 새로운 길." 어제도 가고 오늘도 갈, 매일 반복되는 똑같은 길. 그 지난한 길을 지루하다고 표현하지 않고 늘 새롭다고 말하는 태도. 어제의 구름이 오늘의 구름이 아니듯이. 어제의 네가 오늘의 네가 아니듯이.

어느 봄날이 떠오른다. 여느 때와 같이 아롱이와 함께 길을 나섰다. 산책로를 따라 헤아릴 수 없이 많은 홀씨가 바람을 타고 강물에 내려앉았다. 강물은 그 홀씨들을 물결에 품지 않고 멀리 멀리 떠내려 보냈다. 그 아름다운 풍경을 바라보면서 길을 걷는데 아롱이가 자꾸만 발걸음을 멈췄다. 분명 똑같은 길인데, 어제와 다를 것이 없는데, 무엇 때문에 자꾸 발걸음을 멈추는 거지? 아롱이의 생각이 너무나도 궁금했지만.

지금 돌이켜 보니 아롱이는 매일 반복되는 일상을 새로운 눈길로 바라보는 방법을 알았던 것 같다. 나와는 다른 방식으로. 동그랗고 새까만 코로 눈앞에 펼쳐진 세계를 킁킁거리며. 가끔 앞발로 땅을 헤치고 온몸을 비비기도 하면서. 늘 가는 산책로에서도 미묘하게 각도를 틀어 때로는 풀숲으로 때로는 아무도 발견하지 못할 샛길로 나를 데려갔다. 일상을 비틀어 보는 걸 주저하지 않은 아롱이. 익숙한 길에서 잠시 벗어나는 걸 두려워하지 않은 용감한 아롱이.

같이 있으면 닮아 간다고 했던가. 아롱이의 용감함이 옮은 게 틀림없다. 그렇지 않다면 한 번도 그림을 배워 본 적 없는 내가 덜컥 화실에 전화를 걸어 키우던 반려견을 그려 보고 싶다고 말할 수 있었을까. 글밖에 모르는 내가 캔버스와 씨름하며 선을 새겨 넣고 빛을 포착할 엄두를 낼 수 있었을까.

이제 화실에 다닌 지 1년이 넘어간다. 요즘 나는 아롱이를 그리지 않는다. 왜 더는 그리지 않냐고 묻는다면, 글쎄, 뭐라고 뾰족한 답을 내놓을 수는 없지만. 아롱이가 내게 보여 준 용기는 일상을 비틀어 보고 새롭게 보는 태도에만 있지 않다. 사랑한 존재를 최선을 다해 보내 주는 일. 그 자리를 딛고 일어나 기꺼이 다시 사랑을 시작하는 일에도 있다. 아롱이로만 가득 물들었던 백지가 이제 조금씩 다른 것들로 채워지고 있다. 어느 날에는 거친 초원을 걸어가는 코끼리였다가 어느 날에는 바다를 헤엄치는 벨루가였다가. 나는 이제 준비가 되었다. 아롱이를 가슴속에 품은 채 다른 존재들과 함께 걸어 볼 준비가. 풀어진 마음을 씩씩하게 고쳐 맨다. 백지를 다음 장으로 넘긴다.

1부

거친 마음의 날씨에 대처할 때

선 긋기

추위가 코끝을 간질이는 날, 두려운 마음 반 설레는 마음 반으로 도착한 화실에서 가장 먼저 한 일은 선을 긋는 거였다. 그럴듯한 오브제를 앞에 두고 마법을 부리듯 순식간에 그림을 그려 나갈 것이라 예상하진 않았지만……. 생각보다 내 상태는 심각했다. 그림은커녕 선을 긋는 것부터 문제였다. 어떻게든 반듯하게 직선을 그으려고 애쓰는 내게 선생님은 힘을 너무 세게 주지 말라고 조언했다. 그렇게 하면 종이에 상처가 나서 구멍이 뚫릴 수 있어요. 손목을 유연하게 움직이되 최대한 팔을 움직이지 마세요.

팔을 움직이지 않고 어떻게 선을 그을 수 있지? 의아함을 품기도 전에 선생님은 의자에 앉아서 빳빳한 종이를 펼쳐 시범을 보였다. 마치 깁스한 것처럼 한 팔을 고정한 채 백지를 가로질렀다. 쓱-쓱- 연필이 종이를 긋고 가는 소리가 시원하게 들려왔다. "선이 차곡차곡 쌓이면 면이 돼요." 어느새 매끄러운 면이 된 선을 보며 나는 말했다. "선생님, 잠깐만 밖에 나가서 바람 좀 쐬고 와도 되나요?"

화실 문을 열자 찬바람이 머리칼을 스치고 갔다. 가로수 아래 쭈그리고 앉아서 하늘을 올려다봤다. 잎사귀 사이로 들이치는 햇빛이 유난히 눈부셨다. 정말 내가 할 수 있을까? 스스로에 대한 의심과 질문이 머릿속을 맴돌았다. 숨을 크게 들이쉬었다. 편의점에 들어가 생수를 한 병 사 마셨다. 그래도 여기까지 왔으니까. 아롱이를 그려 보지도 않고 포기하는 건 이르니까. 마음을 다독이며 다시 화실 문을 열었다.

당신이 길을 잃는 방법

"지금 여기가 어딘지 모르겠어."

도서관에서 일하는데, 친구 수학자가 영상 통화를 걸어왔다. "밤이(아롱이의 엄마로, 현재 정다연과 함께 살고 있는 반려견이다)가 이끄는 곳으로 따라왔는데, 모르는 길이 자꾸 나와!" 당황스러웠을 텐데도 밤이가 가고 싶어 하는 방향을 따라 발걸음을 옮겼을 다정한 수학자를 생각하니 마음 한구석이 찡했다.

핸드폰 화면을 자세히 들여다보니 주택 단지의 붉은 벽돌과 낮은 키의 쥐똥나무가 어렴풋이 보였다. "어! 그 길을 따라 쭉 따라 올라가면 우리가 자주 산책했던 공원이 나와. 밤이만 따라가면 돼!"라고 말한 뒤 전화를 끊었다. 얼마 후 수학자에게 길을 찾아 집으로 잘 돌아갔다는 메시지가 왔다.

반려견과 함께 산책하다 보면 모르는 길과 마주치는 일이 종종 벌어진다. 아는 길이라고 해도 전에는 미처 발견하지 못한 새로운 길을 찾을 수도 있고, 이걸 길이라고 생각할 수도 있구나, 껍질이 탁 깨지는 순간처럼 깨달음이 오는 경우도 있다. 인간이 길이라고 정해 두지 않은 곳에서 길을 발견해 내는 그들의 능력을 보면, 내가 얼마나 사람을 중심에 두고 세상을 봤는지 반성하게 된다.

 아롱이를 만나기 전 내가 걸은 길을 생각해 본다. 그 전까지만 해도 내가 걷는 길은 막힘이 없었다. 핸드폰에 목적지를 입력하고 그것이 가리키는 방향으로 걸어가면 그만이었다. 사람들과 부딪히는 일 없이 안전하게 거리를 두며 얼마든지 비껴 갈 수 있었다.

 그런데 아롱이와 함께 걸으면 춤을 추는 것처럼 사람들과의 거리가 움직였다. 가까워졌다가 멀어졌다가 문득 고개를 들면 목적지를 잃기 일쑤였다. 나는 강변을 따라 걷다가 징검다리를 건너 되돌아오고 싶은데, 아롱이는 이 길의 끝까지 가 보자고 했다. 공장의 굴뚝을 지나고, 토끼 우리를 지나고, 수풀에 버려진 타이어를 지나고……. 이러다간 하늘에 닿아 구름 속을 걷는 것 아닐까. 농담 반 진담 반 걱정한 적이 한두 번이 아니다. 또 까만 눈동자로 지나가는 사람을 얼마나 궁금해하는지! 도통 낯선 사람과 대화를 나누는 일 없는 나이지만 조금만 관심을 보이면 꼬리를 흔들며 다가가는 아롱이 때문에 나 역시 변화해야 했다. 아직까지도 어색하기는 하지만 이제는 먼저 인사를 건네기도 한다.

 새로운 길을 발견하는 일, 어쩌면 평생토록 말 한번 섞을 일 없는 사람과 말해 보는 일 외에 아롱이가 내게 가르쳐준 것이 또 하나 있다. 바로 둘이 되어 길을 잃어 보는 일이다.
 몇 해 전 나비미아에 갔을 때 사막의 캠핑장에서 혼자 길을 잃은 적이 있다. 공동 화장실에서 샤워를 하고 나와 분명 제대로 길을 들었다고 생각했는데, 어디에서도 일행을 찾을 수 없었다. "루피!" "파니!" 일행의 이름을 부르면서 걷는데 눈물이 뚝뚝 떨어졌다. 순간 이대로 사막을 헤매다 영영 집으로 돌아가지 못하면 어쩌지. 그토록 고대하던 아프리카에 왔는데 여기서 이대로 죽으면 어떡하지. 망상이 꼬리에 꼬리를 물고 이어지는 순간 멀리서 불빛 하나가 보였다. 눈물로 세수를 하며 지푸라기를 잡는 심정으로 불빛을 따라 걸었는데 익숙한 목소리가 들려왔다. 제대로 찾아왔구나, 안도감이 들어 그만 바닥에 주저앉아 통곡을 했다.

그 일의 여파 때문인지 길을 잃는 두려움이 커졌다. 국내와 해외를 가리지 않고 여행할 때 혹은 이동할 땐 길을 정확히 찾아보고 움직이는 습관이 들었다. 새로운 길, 새로운 것에 호기심이 있지만 그동안 다녀 본 길, 먹어 본 음식점만 딱 집어 골라 가는 터라 내가 아무리 익숙한 동네라 해도 아는 길에서 벗어나는 건 쉬운 일이 아니었다. 그런데 어찌하겠는가. 어…… 여기가 아닌데, 싶으면 어느새 풍경이 바뀌고 있었다. 길을 잃고 있었다.

인적이 드물어서, 다녀 본 길이 아니어서 왠지 모를 두려움이 엄습할 때 그래서 걸음을 멈출 때, 혀를 빼물고 괜찮아, 조금 더 와도 돼, 라는 표정으로 씩씩하게 나를 기다려 주는 아롱이를 보면 어쩌면 괜찮을지도, 하는 마음이 뭉게뭉게 피어올랐다. 그렇게 한 걸음 한 걸음 가다 보니 솔방울이 타닥타닥 떨어지는 숲길에 도착하기도 하고, 고즈넉한 벤치에 도착하기도 했다. 거기에 나란히 앉아 하늘을 올려다보며 길을 잃는 건 멋진 일이구나, 생각했다.

밤이와 함께 걷는 요즘 이제 길 잃는 것을 조금 덜 두려워하게 되었다. 낙서가 가득한 담벼락, 누군가 정성껏 가꾼 텃밭, 아기자기한 액세서리 가게를 지나 한 걸음 두 걸음 세 걸음 더 멀리 가 볼 수 있게 되었다. 익숙한 길을 새로운 눈으로 바라보고 싶다면, 잠시 길을 잃어 여행을 떠나고 싶다면, 당신의 눈앞에서 꼬리를 흔들며 발걸음을 옮기는 그들을 눈여겨봐도 좋다.

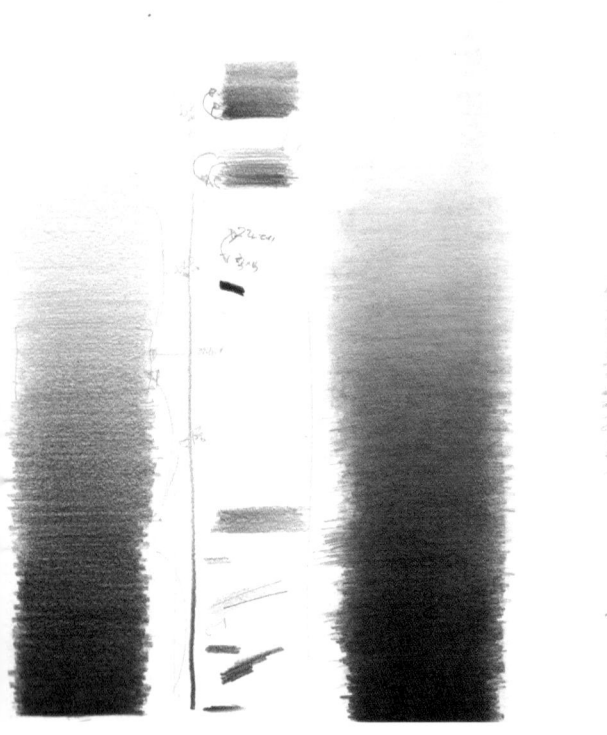

그러데이션

그러데이션을 연습할 때 중요한 것은 선의 강약을 조절하는 일이다. 나는 먼저 손목에 힘을 풀고 아래서부터 촘촘히 옅은 색을 깔아 준 뒤 다시 천천히 명암을 조절하면서 어두운 톤부터 밝은 톤까지 쭉 돌며 선을 그었다. 명암이 가장 짙은 부분과 밝은 부분, 그 중앙에 있는 중간 톤은 한눈에 봐도 색의 차이가 분명해서 표현하기가 어렵지 않았다. 그 사이사이를 잇는 톤을 표현하는 것이 어려웠다. 특히 밝은 중간 톤에서 밝은 부분으로 넘어가는 단계에서 실수가 잦았다. 색을 표현하려고 여러 번 덧칠하면 밝은 부분이 금방 어둡게 변해 버리고 말았다. 투명한 물이 검게 물들듯 말이다. 조심스럽게 지우개로 색을 덜어내며 호흡을 가다듬었다. 선과 선 사이를 함부로 뛰어넘지 말아야 해. 연필을 좀 더 촘촘하게 쓰란 말이야! 나 자신에게 단단히 이르면서 작업해 나가는데, 문득 그림과 시가 닮은 구석이 많다는 생각이 들었다.

먼저 그러데이션은 말 그대로 색 조율하는 법을 배우는 일이다. 나를 포함한 초보자들이 많이 하는 실수 중 하나는 이 단계를 쉽게 보고 섣불리 대상을 묘사하는 단계로 넘어가려 한다는 점이다. 이 단계를 착실히 거치지 않으면 대상이 지닌 다채로운 빛깔을 포착하고 표현하기 어려워지고, 이러한 어려움이 계속되면 그림을 포기하는 일이 생길 수도 있다.

어떻게 보면 시도 마찬가지다. 시 한 편을 빨리 완성하고 싶은 마음에 각 문장을 징검다리처럼 잇는 문장을 허투루 쓰고 건너뛰면 마지막 행까지 마무리하더라도 설득력이 부족한 시가 될 수 있다. 군데군데가 빠진 퍼즐처럼 말이다. 내가 펼친 멋진 상상과 오래 고심한 생각의 조각들이 흩어지지 않게 하려면 흙과 먼지가 뭉쳐 작은 돌이 되듯 한 단어 한 단어 인내하며 쌓아 가는 것이 중요하다. 돌을 두드리듯 단어마다 충분히 주무르고 그것이 주는 어감과 향과 냄새를 충분히 맛보면서 말이다. 그렇듯 차분하게 문장을 쌓다 보면 건축물처럼 탄탄한 한 편의 시가 완성되는 것을 볼 수 있다.

지금 나는 벽돌공이야. 한 켜 한 켜 벽돌을 꼼꼼하게 확인하고 얹어야 해. 안 그러면 나중에 물이 새거나 바람에 넘어질지도 몰라. 그런 마음으로 어둡게 밝게 다시 밝게 어둡게 선을 긋고 연습하다 보니 백지에 길이 생기기 시작했다. 때로는 정직하게 시간을 견디는 일이 어딘가로 가장 빠르게 도착하는 일임을 잊지 않으면서, 이 길이 아롱이에게 가는 하나의 건널목이 되길 바라본다.

생각보다 비는 자주 온다

　비가 오면 마음이 분주해진다. 밤이는 밖에서만 배변하는 강아지여서 하루에 세 번은 꼭 산책해야 한다. 그런데 비가 오면 집 밖으로 한 걸음도 떼지 않으려 하니 고민이 많다. 목욕은 싫어해도 빗속을 걷는 건 좋아하는 강아지도 있던데. 밤이가 비를 좋아하면 좋겠다 싶다가 그런 생각을 반듯하게 접어 둔다. 그것은 어디까지나 나의 생각, 밤이의 마음은 아니니까.

　창문으로 손을 뻗어 비가 얼마만큼 오는지 헤아린다. 한눈에 봐도 심상치 않다. 오늘처럼 폭우가 쏟아지는 날이면 언제쯤 나가야 최대한 비를 덜 맞고 산책할 수 있을까, 고민하는 일도 무용해진다. 그칠 때까지 그저 기다릴 수밖에.

　스웨덴의 스톡홀름에서 문학 강사를 하다가 양을 치기 시작한 남자의 이야기가 생각난다. 그는 양과 함께 생활하고부터 날씨를 감각의 대상으로 보지 않게 됐다고 고백한다. 날씨가 좋다거나 고약하다고 말하는 대신 날씨에 대처하는 법을 찾는다고. 예를 들면 이런 식이다. 날씨가 추워지면 수도관이 얼지 않도록 미리 살피기. 풀잎의 색깔이 변하면 양이 먹을 겨울용 사료를 준비해 놓기.

나의 경우는 조금 다르다. 아롱이 밤이랑 생활하고부터 비로소 날씨를 느끼게 되었다고 할까. 지금은 아니지만 한때 누구도 따라올 수 없다고 자부하는 은둔자였던 나는 날씨에 무척이나 무감한 사람이었다. 집에만 콕 박혀 두꺼운 암막 커튼을 치고 이어플러그를 꽂은 뒤에야 읽고 쓸 수 있는 나에게 새털처럼 가벼운 봄날의 햇살이나 미세먼지를 깨끗하게 씻어 주는 빗방울이 피부를 적시기란 무척이나 어려웠을 것이다.

이제 나는 여름에서 가을로 바뀌는 선선한 공기를 좋아하고, 맹렬히 우는 여름날의 매미 소리, 발로 밟으면 뽀득뽀득 소리가 나는 한겨울의 폭설을 누구보다 사랑하지만…….

비 오는 날만큼은 마음이 복잡해진다. 바깥에서 건물이 무너지는 듯한 소리가 나더니 번갯불이 번쩍인다. 작은 돌들이 부딪히는 것처럼 내 마음 안에서도 불꽃이 튄다. 떨어져 나간 불꽃의 파편이 비에 젖어 검게 변하는 것을 지켜본다.

아롱이 생각이 난다. 아롱이는 비와 번개를 참 무서워했지. 비가 오는 날이면 몇 시간이고 안아 줘야 했는데. 이제는 어때? 비가 무섭지 않아? 혼자서 말해 본다. 그렇게 하면 아롱이가 들을 수 있을 것처럼. 나에게 쪼르르 달려와 발등을 괴고 올려다볼 수 있을 것처럼.

아니다. 이렇게 말하는 것은 옳지 않다. 눈을 감아도, 떠도 아롱이를 느낄 수 있으니까. 아롱이와 가만히 눈을 맞춰 볼 수 있으니까. 밤이와 함께 누워서 빗소리를 듣다가 자리를 툭 털고 일어난다. 턴테이블에 레코드판을 얹는다. 꿉꿉한 마음을 환기할 때다.

부엌 선반을 열어 흐트러진 접시를 정리하고, 기름때가 번진 가스레인지를 세제를 묻혀 깨끗이 닦아낸다. 마른 수건은 차곡차곡 개어 수납장에 넣어 둔다. 버리기를 미뤄 온 샴푸통과 영수증, 출처가 불분명한 잡동사니들을 분류해 한곳에 그러모은다. 달걀을 부치고 데친 시금치에 깨소금을 솔솔 뿌려 밥을 먹는다. 무너진 울타리를 수리하고 빗물에 벗겨진 페인트를 보수하듯 거친 마음의 날씨에 대처할 때다.

투시법

　가까울수록 커지고 멀어질수록 작아진다. 투시법은 가까운 것을 크게 보고 먼 것을 작게 보는 우리의 시각 현상을 그림에 적용해 입체성을 부여하는 기법이다. 아롱이를 사실감 있게 표현하려면 꼭 거쳐야 하는 관문인 셈이다.

　먼저 백지에 정육면체를 그렸다. 단순해 보인다고 진한 선을 사용해 한 번에 그려서는 안 된다. 연필을 연하게 써서 여러 번 수정을 거친 후 형태를 잡아야 훨씬 더 입체감 있는 그림을 완성할 수 있다. 다음은 빛의 차례다. 빛이 어느 쪽으로 오는지 정한 다음 색감을 정하고 밀도 있게 채워 넣는다. 천천히 인내심을 가지고 선을 긋다 보면 어느새 매끈한 면과 만나는데 나는 이 순간을 무척이나 사랑한다. 정말 내가 그은 선들이 모여 그림의 한 부분이 될 수 있을까? 의심한 순간들이 한꺼번에 녹아내리는 순간. 잔잔해 보이기만 하던 수면이 끓는점에 닿아 톡 기포를 쏘아 올리는 순간처럼 말이다.

　문득 '투시'의 어원이 궁금해져 찾아보니 라틴어로 잘 보다, 꿰뚫어 본다는 뜻이라고 한다. 그 함의는 잘 보는 방법, 잘 보이게 하는 방법을 가리킨다고. 그렇구나, 그냥 눈으로 봐서는 보이지 않는 것을 잘 보이게 만들어 주는 것이 투시구나. 한 걸음 더 나아가서는 무언가를 더 잘 보는 방법을 가리키는 거구나. 여기까지 생각이 미치자 내 강아지 친구들의 행동이나 특성을 조금이라도 잘 이해하고 싶은 마음에 영상을 찾아보고 도서관에 가서 책을 펼쳐 든 시간이 떠올랐다. 물론 몇 가지 영상과 책으로 신비롭고 아름다운 아롱이 밤이를 이해할 거라고는 감히 생각도 하지 않지만…….

자연에서 늑대는 적어도 60여 가지 표정을 지을 수 있다고 한다. 표정만으로도 정교한 신호를 보내는 게 가능하다는 말이다. 그러나 인간에 의해 선택적으로 브리딩되는 개의 경우는 시간이 지나면서 이러한 특성을 많이 잃었다고 한다.

밤이와 아롱이가 지은 표정을 머릿속에 찬찬히 떠올려 본다. 나는 두 친구의 표정을 얼마만큼 알고 있을까? 그 표정 뒤에 숨겨진 표정을 얼마나 많이 찾아내려 노력하고 있을까?

어느새 완성된 직육면체를 본다. 면과 면이 맞닿은 자리에 생긴 꼭짓점이 팽팽하게 이목구비를 잡아당기는 근육 같다. 앞으로 백지에서 어떤 표정을 발견할지는 모르는 일이지만, 지금은 내 앞에 있는 선과 충실히 만나야 한다. 더 잘 보기 위해서. 아롱이의 숨겨진 주름들을 포착하기 위해서.

집으로 돌아와서 밤이의 얼굴을 유심히 바라본다. 밤이의 눈동자에 내 얼굴이 맺혀 있듯이, 지금 내 눈동자에도 밤이의 얼굴이 맺혀 있을 터다. 어떤 마음일까? 우리는 서로를 전부 알 수 없지만, 이렇게 가만히 바라볼 수는 있다. 어떤 표정이 떠오를 때까지.

커피와 우유가 한 잔씩

커피를 마실까 말까.

퇴근길에서부터 저녁 산책을 나서는 순간까지 고민이 됐다. 우리의 일상을 차지하는 고민들은 때때로 이렇게나 소박하다. 오늘은 무엇을 먹어야 맛있게 잘 먹었다고 스스로한테 말해 줄 수 있나, 침대에 누워 잠을 청할 때까지 어떻게 날 돌봐야 조금이라도 편안히 잠들 수 있나 하는 작고 소소한 것들. 입맛을 단숨에 사로잡는 인스턴트 음식이 아니라 잘 갈아 내린 콩고물처럼 삼삼하고 담백한 것들.

오늘은 먹지 말자. 밤이와 역 근처 공원에 도착했을 때 다짐했다. 카페인을 섭취하기엔 늦은 시간이라는 점도 있었지만 다른 무엇보다 요즘 들어 떨어진 컨디션이 가장 걸렸다. 나는 아롱이가 세상을 떠난 직후부터 지금까지 심장 박동을 불편하게 느끼는 심계항진 증상을 달고 다닌다. 심할 때는 숨을 쉬는 것이 힘들고 속이 메스껍다.

줄을 살짝 당겨 공원 한가운데 조성된 풀밭으로 들어가려는 밤이를 제지했다. '아이들도 이용하는 곳입니다. 개가 전염병을 옮길 수 있다는 민원이 들어오고 있으니 되도록 출입을 삼가 주십시오.' 플래카드 문구가 선명히 보였다. 모든 문장이 걸렸다. 노키드 존처럼 성인들이 주요 고객층인 곳에서 비일비재하게 추방당하는 아이들이 마음껏 뛰어놀 공간이 있다는 것은 너무나 다행이지만, 어디까지나 그 대상을 인간으로 한정한다는 점에서는 안타까운 마음이 들었다. 그리고 개가 전염병을 옮길 수도 있다니. 이건 옳지 못한 표현이라는 생각이 들었다. 오히려 개는 도시에서 창궐하는 위협적인 바이러스에 대비하여 면역 체계를 갖추기 위해 갖가지 예방 접종을 한다. 치명적인 위협을 가하는 쪽은 개가 아니라 인간이다. 마지막으로 되도록 출입을 삼가 달라니! 이곳에 개는 들어올 수 없다는 명백한 암시가 보이는 상황에서 어느 누가 자유롭게 개와 출입할 수 있을까.

복잡한 심경으로 공원을 빠져나오는데, 오늘따라 밤이가 신호등 앞에서 움직이지 않았다. 약간의 실랑이를 하다가 그래, 한 번 가고 싶은 곳으로 마음껏 가 보자, 하며 발걸음을 옮겼는데, 말릴 틈도 없이 밤이가 가게 안으로 쏙 들어갔다. 얼결에 뒤따라가니 다름 아닌 평상시 자주 가는 단골 카페였다. 꼬리를 흔들며 너무도 위풍당당하게 가게로 들어간 밤이를 보고 카페 사장님과 동시에 웃음이 터졌다.

"오늘은 어떤 걸로 드릴까요?" 사장님이 물었다.

"따뜻한 바닐라 라떼요."

아차, 싫었지만 순간 나도 모르게 평상시 자주 먹는 바닐라 라떼를 주문해 버리고 말았다. 고민한 시간이 무색하게 어느덧 내 손엔 바닐라 라떼 한 잔이 들려 있었다. "밤이야, 내가 커피 마시고 싶어 한 거 알았어?" 어쩐지 밤이가 내 마음을 훤히 들여다본 것 같아 코끝이 시큰거렸다. 종이컵으로 따뜻한 온기가 전해졌다. 어쩐지 위로받은 기분.

"잠깐만요!"

신호등을 건너려는데, 카페 사장님이 나를 불러 세웠다.

"에스프레소 샷을 넣지 못했어요."

뚜껑을 열어 보니 커피 대신 달콤한 시럽을 뿌린 우유가 들어 있었다. 사장님은 갓 내린 커피 한 잔을 다시 건네주셨다.

집으로 돌아와 커피는 냉장고에 넣어 두고 바닐라 시럽이 듬뿍 든 우유에 마들렌을 먹었다. 오늘 있었던 일을 나만 알 수 없다, 싶어서 친구에게 전화를 걸었다.

내가 오늘 커피를 마실까 말까 고민했단 말이야? 커피는 마시고 싶은데 소화가 잘 안 될까 봐 걱정이 돼서. 그런데 오늘 내 마음을 어떻게 알았는지 밤이가 가게 안으로 쏙 들어가더라고. 그래서 오늘은 먹어야 하는 날인가 보다 싶어서 커피를 사고 나왔는데, 사장님이 실수로 에스프레소 샷을 넣지 않으신 거야. 바닐라 시럽이 든 우유만 주신 거지……. 마침 커피 마시는 게 부담스런 참인데 더 좋은 거 있지! 내 말 듣고 있어?

실컷 말을 늘어놓다가 전화를 끊었다. 강아지와 실디 보면 이런 행복한 우연이 생기는 날도 있다.

원근법
물체가 맞닿는 지점이 가장 어둡다

"물체가 지면에 닿은 지점이 가장 어두워요."

빛과 어둠의 흐름을 생각하며 그림자의 형태를 잡는 중에 그 말을 들었다. 물체와 물체가 맞닿은 지점은 가장 밝은 것이 아니라 어두운 거구나. 어쩌면 당연한 걸지도 몰라. 알사탕 같기도 하고 야구공 같기도 한 구를 칠하다가 아롱이의 그림자와 내 그림자가 겹쳐진 순간이 생각났다.

어두운 밤 달빛을 받으며 산책로를 따라 걸을 때, 우리의 움직임에 따라 그림자가 겹쳐졌다가 흩어지는 모습을 보며 나는 기쁘게 웃었다. 그날의 장면은 어두운 밤보다 더 짙은 검정으로 마음속에 선명히 남아 있다.

돌이켜 보면 사람과 사람이 만나고 부딪히는 자리는 낮처럼 환해야 한다고 생각한 때가 있었다. 사물의 구조를 드러내는 빛처럼 사람의 마음은 솔직하고 투명하게 서로를 향해야 한다고. 만남에서 칠흑 같은 어둠이 찾아올 때, 깨뜨릴 수 없을 것 같은 침묵의 시간이 찾아올 때 쉽게 절망하기도 했다.

하지만 이제는 안다. 너무도 강한 빛은 식물의 잎을 태워 버릴 수도 있다는 것을. 어둠 속에서 쉬는 박쥐의 잠을 괴롭힐 수 있고, 바다를 헤엄치는 사람의 등에 햇빛 화상을 남길 수 있다는 것을. 어떤 존재가 간직한 어둠과 신비를 견디지 못하고 낱낱이 파헤치는 것이야말로 광적이고 폭력적인 태도 아닌가, 지금은 반문하게 된다. 잘 기억나진 않지만 언젠가 책 한 귀퉁이에서 이런 구절을 본 적이 있다. 우리는 왜 내면을 가만두지 못하는가?

물론 타인과의 관계뿐만 아니라 자신의 행동을 들여다보고 반성하는 태도는 중요하다. 하지만 우리의 반성은 스스로 자책하거나 타인을 비난하는 것으로 기울기 십상이라 추락하기 좋은 얼음 골짜기로 미끄러지지 않으려면 빙벽의 상태를 확인하듯이 내면의 상태를 짚어 보는 것이 중요하다. 무엇보다 중요한 점은 내면을 내면 그 자체로 둘 줄 아는 것.

달의 그림자 이야기를 들으면 이상하게 위로가 된다. 지구 입장에서 보면 달 모양이 바뀌는 것이지만, 달의 입장에서 지구를 보면 자신은 늘 한곳을 바라보고 있을 뿐 달라지는 점은 빛을 받은 부분이 그날그날 바뀌는 것이다. 달에게 이목구비가 있다면 오늘은 빛이 나의 눈동자를 비추고, 내일은 이마, 모레는 눈썹을 비추는 식이다.

요즘 나는 타인과의 관계에서 마음을 섣부르게 짐작하지 않고 내려놓는 법을 배우는 것 같다. 타인의 어둠을 응달에 놓아둔 채로 언젠가 그가 준비되었을 때 자신의 일부를 조금씩 조금씩 보여 주는 순간을 기다린다.

이따금 이불을 머리끝까지 뒤집어쓰고 그동안 내가 쌓아 온 관계들이 밀려오는 파도 한 번에 무너지는 모래성에 불과하다는 생각이 들 때, 아롱이가 더 짙은 그림자를 맞대며 곁에 있어 준 순간들을 떠올린다. 어둡고 어둡다가 마침내 창문에 여명이 맺히는 순간. 그래, 지금은 어두운 면에 맞닿은 때야. 그냥 기다리면 돼. 또 다른 빛의 모양이 나타날 때까지. 주문처럼 읊조리면 한마디 대화 없이도 몸과 몸으로 기대 맞이하는 아침이 선물처럼 도착해 있었다.

인물 연습

아침에 눈을 떴을 때 좀 다른 걸 그려 보고 싶었다. 이를테면 사랑하는 친구들의 얼굴. 화면 가득 친구 사진을 띄워 놓고 이젤에 도화지를 펼쳤다. 지금 생각해 보면 궁색하기는 하지만 유튜브를 켜서 '초보도 쉽게 따라 할 수 있는 인물 그리기 팁' 같은 영상을 몇 개 찾아보고 이쯤이면 그릴 수 있겠지, 자신만만했던 게 사실이다. 나중에 알게 된 것이지만 인물은 소묘 단계에서도 꽤 어려운 축에 속한다. 딱 정해진 단계가 있는 것은 아니지만 나의 경우는 선 연습-도형-구 형태의 동물-다양한 털을 가진 동물-가죽이 매끈한 동물이나 조각상-인물 단계로 커리큘럼이 구성되어 있었다.

처음 4B연필을 쥐고 얼굴 형태를 잡으면서 사람의 얼굴이 이토록 그리기 어려운 거구나, 바로 깨달았다. 얼굴의 형태도 그렇지만 이목구비의 비율이나 크기를 정하는 게 어려웠다. 머리카락은 또 얼마나 복잡한지. 지금은 기준점을 잡고 그것을 바탕으로 계측하여 간단한 형태를 잡은 뒤 수정하지만, 그때는 주먹구구식으로 형태를 그렸다가 지우기를 무한히 반복했다.

하지만 친구들을 그리는 동안 정말 행복했다. 이 친구의 눈동자가 이토록 단단하고 심지가 굳어 보였나? 웃을 때 눈꼬리가 내려가서 몰랐는데 눈꼬리가 생각보다 위로 올라갔네? 코끝이 동글동글하다! 고구마를 캐듯이 몰랐던 부분을 발견해 가는 재미가 쏠쏠했다. 완성한 그림을 카메라로 정성껏 찍어 친구들에게 보내 줬다. 너 프랑스 배우 같아, 경성시대의 지식인 같아, 그런 말을 하다가 깔깔 웃었다. 친구와 관계된 일은 뭐든 다 좋지만 역시 직접 대화를 나누며 웃고 떠드는 순간이 가장 좋다.

인물 연습
문과 치앙마이

 2019년 12월 당장 폭발할 것 같았다. 첫 시집을 내고 연이은 원고 마감과 낭독회 일정이 이어진 탓도 있지만, 아롱이의 부재를 견디기 어려웠다. 외투를 걸치면 아롱이 털이 그대로 묻어 있고 물을 마시던 그릇도 여전한데 아롱이가 없다는 사실이 무척 괴로웠다. 그때 쓴 일기장을 펼쳐 보니 이런 구절들이 있다. "사람들 앞에 설 자신이 없다. 아롱이는 나에게 아무 일도 없던 것처럼 지나갈 수 있는 존재가 아니다." "소란 속에 휘둘리고 싶지 않다." "보고 싶다. 아무것도 달라지지 않았다면 좋았을 텐데."

 그즈음이었다. 친구가 치앙마이에 가서 연말을 보내지 않겠느냐고 제안했다. 자신은 먼저 떠날 예정이고, 후에 다른 친구들도 합류할 거라고 했다. 그녀 쪽에서는 그저 한 말일 수 있지만, 나는 혼자서 타이로 가는 비행기 티켓을 끊고 숙소까지 잡아 버렸다. 잠시나마 생활 공간과 익숙한 풍경을 잠시 떠나는 일이 그때는 누구보다도 간절했다.

 그렇게 훌쩍 떠난 여행에서 내가 한 거라고는 숙소 주위를 떠돌며 우는 일이었다. 먹고 자다 깨서 울고, 음악을 들으면서 건축물을 보다가 울고, 아침 햇살을 맞으며 거리를 걷다가 울고, 지나가는 강아지를 보다가 울고…….

눈물 콧물을 쏟으며 치앙마이 곳곳을 돌아다녔다. 그때 내가 쏟아 낸 것을 어항에 모은다면 금붕어 한 마리가 유유히 헤엄칠 만한 깊이는 되지 않을까? 어느덧 여행의 막바지. 한국으로 돌아가기 전에 친구와 함께 마지막 밤을 보내려고 바를 찾았다. 무슨 내용인지 잘 모르지만 익숙한 멜로디의 팝송이 명랑하게 흘러나왔고, 다시 집으로 돌아갈 생각에 머릿속이 복잡하고 무거웠던 것 같다. 우리는 바깥 테이블에 앉아 음료수를 마시며 이야기를 나누었다. 오래되어 기억의 빛이 바랬지만……. 그때 친구는 무엇 때문에 가장 힘드냐고 물어본 것 같다. 나는 조금의 망설임도 없이 아롱이 때문이라고 말했다. 그리고 개는 인간이 할 수 없는 방식으로 인간을 위로한다고 말한 것 같다. 예를 들어 내가 울면 조용히 다가와 언제까지고 눈물을 핥아 주는 식으로.

시간이 지날수록 어느 것도 확신할 수 없다고 믿는 편이지만 이것만큼은 자신 있게 말할 수 있다. 어떤 존재라도 그런 방식의 위로를 받았다면 그 존재를 쉽게 잊을 수는 없을 거라고. 그런 말을 하고 나는 혼자서 한국으로 돌아왔고 그녀는 타이에 좀 더 남았다. 떠날 때 친구는 내 생각이 나서 사 왔다며 비건 브라우니와 크림빵을 건네주었다.

그 빵을 받아들고 공항으로 가는 내내 울었던 것 같다. 난기류에 흔들리는 비행기에서 아무리 꾹꾹 참아도 흘러나오는 눈물을 닦다가 이내 인정했다. 얼어 버린 수도관이 터지듯 나의 어딘가가 펑 뚫려 버렸다고. 앞으로 이 구멍을 메우기 위해 많은 시간과 노력을 들여야 할 것이라고.

실제로 여행을 다녀온 뒤 병원에 다니기 시작하고, 상담 치

료도 병행했다. 그렇게 시간이 흘러 아롱이 그림을 그려 보자고 결심한 어느 날 친구에게 연락이 왔다. 자신이 진행하는 메일링 서비스에 글을 한 편 실어 줄 수 있겠냐는 말이었다. 2019년 12월에 내 시간이 멈춰 버렸다면 엄두도 내지 못했을 것이다. 그런데 아롱이 이야기를 다른 사람들과 나눌 생각을 하자 덜컥 용기가 났다. 부족하고 서투르겠지만 나와 아롱이 이야기를 해 보자는 생각으로 마음을 다잡고 진심을 꾹꾹 눌러 담아 글씨를 써 내려갔다. <신시 약쟁이 신인류의 꿈>. 친구는 내 글을 인쇄하고 편지 봉투에 정성껏 담아 사람들에게 보냈다.

편지가 도착했다는 소식을 들었을 때 마음 한 곳이 어딘가 깨끗해진다는 생각이 들었다. 비로소 방문을 열고 나와 세상과 마주한 기분이랄까. 나를 온몸으로 막고 있던 무언가를 넘어선 기분. 그래서 내가 무엇을 해야 하는지 더욱더 선명해지는 기분. 젖은 수건으로 사물에 묻은 먼지를 닦을 때 느껴지는 투명함이 나를 훑고 갔다. 그래, 무언가를 함께 나눈다는 건 이런 기분이었지. 해방감이 들었다. 고립된 시간에서 벗어나 한 걸음 뗀 기분이었다. 지금처럼 이렇게 하면 되는 거야. 서두를 필요도 없어. 준비되었을 때 진심을 담아 사람들에게 말하면 되는 거야. 내가 얼마나 슬프고 기쁜지. 아롱이를 만나서 얼마나 행복했는지. 그러면 어떤 사람들은 너의 이야기에 귀를 기울이기 시작할 거야. 지금처럼. 따뜻하고 다정한 고요로.

활짝 연 창문으로 밤공기가 들어온다. 방 안 구석구석에 가닿는다. 내면의 문은 안쪽에서만 열리는 게 아니라 바깥쪽에서도 열릴 수 있다는 걸 친구 덕분에 알았다. 내 마음이 굳게 닫힌 시절 나의 바깥이 되어 활짝 갠 하늘을 보여 준 문에게 진심으로 감사하다. 열었던 창을 닫는다. 이제 나는 내 안의 문을 스스로 열고 닫을 수 있다.

인물 연습
K와 서점

    영화 《아멜리아》 첫 부분에 이런 장면이 나온다. 주인공 오드리 토투가 거리의 식료품점에 멈춰 서서 곡물이 한가득 담긴 자루에 손을 푹 넣는 장면. 이어서 충만한 얼굴.

    사람들은 저마다 일상의 동력을 얻는 작은 순간들이 있다. 나는 슬픔이 찰랑거릴 때 서점에 간다. 책 냄새를 맡고, 서가에 기대 잠시 앉아 본다. 그러면 나만의 든든한 요새에 있는 기분이 든다. 둥지 속 알처럼.

    그러나 서점에 가는 것만으로는 족하지 않은 날이 있다. 그때 나는 K가 있는 서점으로 간다. 드넓은 호숫가를 정원으로 둔. 반짝반짝 쪼개지는 윤슬이 눈부시고, 함께 걷다가 길을 잃기 좋은 널따란 산책로가 있는 곳으로.

    곧 서점을 다른 곳으로 옮길 것 같다는 말을 K에게 전해 듣고, 더 늦기 전에 밤이와 함께 이곳에 꼭 와야겠다고 생각했다. 내가 사랑하는 두 존재에게 서로를 소개해 주고 싶었달까. K에게는 비밀로 하고 아빠한테 부탁하여 밤이를 태우고 출발했다. 시계를 보니 오픈 시간보다 일찍 도착해서 호수공원을 한 바퀴 돌기로 했다.

어떤 냄새가 나는 걸까? 밤이를 따라 킁킁거려 본다. 은은하게 풍겨 오는 씁쓸한 잎사귀 냄새와 호숫가의 비릿한 수초 냄새 외에 맡아지는 건 없는 듯한데 밤이는 냄새를 맡느라 정신이 없다. 문득 강아지를 '몸이 부착된 코'라고 부른 연구자의 말이 떠올랐다. 산책하는 강아지의 코는 자신보다 낮은 곳을 향하지. 나도 밤이와 산책할 때는 밤이를 보느라 고개가 아래쪽으로 기울곤 하는데. 그런 점에서 산책하는 우리는 꽤 닮은 것 같다. 기쁘다. 나는 이렇듯 자연스레 서로에게 물드는 게 좋다.

짧은 생각이 스친다. 나도 고개를 더 아래로 숙이고 나무 둥치와 전봇대, 콘크리트 사이를 킁킁이면 밤이가 보는 세상을 조금이라도 이해할 수 있을까 하고. 지나가는 사람들이 이상하게 보겠지, 그치만 꼭 모든 사람이 같은 방식으로 걸을 필요는 없잖아, 되묻다가 밤이의 코가 닿은 곳을 유심히 지켜본다. 개미가 빠르게 지나가기도 하고, 다른 강아지가 다녀갔음을 뜻하는 소변 자국이 보이기도 한다. 개들은 소변 냄새를 통해 서로에 대한 정보를 수집하고 파악한다는데. 저번에 읽은 책에서는 개가 증발하는 과정에 있는 냄새를 맡고 시간을 추측할 수 있다는 가설을 제기하기도 했다. 물론 대부분의 사실은 아직 밝혀지지 않았지만 말이다.

유리문을 열자 종이 맑게 울렸다. 서점에서 일하는 또 다른 친구가 K는 오늘 일정이 있어서 오지 않는다는 사실을 말해 줬다. 아쉬운 마음에 K에게 전화를 걸어 간단하게 대화를 나누고 다음을 기약했다. K의 손길이 닿은 서가는 균형 있게 정돈되어 있었다. 화병에는 사람들이 두고 간 꽃다발이 한 아름씩 꽂혀 있었다. 차 한 잔을 마시고 서가를 돌며 이 책 저 책을 꺼내 보다가 꾸벅꾸벅 조는 밤이를 보았다. 아롱이도 함께 있었으면 좋았을 텐데. 내가 사랑하는 존재들을 서로에게 보여 주고, 함께 그날의 공기를 마시고, 서로의 사진 속에 서로가 있으면 더할 나위 없이 좋을 텐데……. 그런 생각을 하다가 역광으로 들이치는 햇살에 잠깐 눈을 감았다. 따사로웠다. 슬프고 쓸쓸하지만은 않았다. 시집을 들고 떨리지만 담대하게 시를 읽는 K의 목소리가 어렴풋이 들려오는 듯했다.

2부

흩어진 조각이
만든
무한한 별자리

동물 연습
고양이

지나칠 뻔했다! 밤이가 눈을 떼지 못하는 곳을 살펴보니 덤불 사이로 어미 고양이와 새끼 고양이가 보였다. 야옹, 울음소리에 시소를 타고 놀던 아이들이 하나둘 모여들었다. 얼핏 보니 대여섯 마리 남짓. 밤이를 집에 데려다준 뒤 고양이 전용 통조림과 카메라를 들고 거리로 나왔다. 아롱이는 고양이를 쫓곤 하는 버릇이 있어서 내 쪽에서는 보지 못한 고양이를 발견하곤 데려다 주기도 했지.

몸을 바짝 낮추고 카메라의 뷰파인더에 눈을 가져다 댔다. 찰칵, 셔터를 누르는데 이와고 미츠아키의 《고양이를 찍다》가 생각났다. 그는 세계 곳곳을 돌아다니며 고양이 사진을 찍었다. 솎아 낸 초록의 사과 더미에서 한가롭게 노는 고양이부터 돼지와 눈을 맞추는 고양이, 몽마르트르를 내려다보는 고양이까지! 사진집을 펼치면 저마다의 털 색깔과 개성을 가진, 눈망울이 정말 아름다운 고양이들을 볼 수 있다. 문득 그가 책에서 밝힌 고양이 사진을 찍을 때 기억해 두면 좋은 조언들이 떠올랐다.

먼저 고양이에게 다가갈 때는 비스듬히 지그재그로 다가갈 것! 어떤 존재든 처음부터 정면으로 다가오면 부담스럽고 경계하기 마련이다. 다음은 암컷 고양이의 심기를 거스르지 말 것. 새끼 고양이는 암컷의 지시를 전적으로 따르기 때문에 위협을 느낀 암컷 고양이가 그 자리를 떠나면 새끼 고양이도 함께 떠난다. 마지막으로 경계심이 덜하고 자기 영역을 뽐내는 걸 좋아해 사진의 모델이 되어 주는 쪽은 대개 수컷 고양이라는 점. 이런 몇 가지 사실과 원칙을 잘 지키고 기억하면 고양이가 모이는 '집합소'를 발견할 수도 있다고 한다.

그 경지에는 이르지 못하지만, 최대한 고양이들의 놀이 시간을 방해하지 않으려 노력하면서 일정한 거리를 유지한 채 사진을 찍었다. 빼꼼 호기심에 고개를 내민 새끼 고양이와 상황을 유심히 관찰하는 어미 고양이.

카메라를 거두고 챙겨 온 통조림을 따서 덤불 숲 사이에 놓았다. 실례했어, 미안해, 말하고 다시 한 걸음 두 걸음 뒤로 물러났다. 달그락 달그락. 얼마 지나지 않아 통조림 캔이 바닥에 살짝 긁히는 소리가 들렸다. 관심을 보이는구나 생각하는 찰나 어디선가 고양이 한 마리가 불쑥 등장했다. 아빠 고양이인가? 곡선이 날렵한 암컷 고양이보다 살짝 통통한 편이어서 수컷 고양이로 추측해 보았지만 확신하기는 어려웠다. 이곳의 고양이들은 지나치게 수척하다. 물은 제대로 마시나? 빗물을 받아 먹다가 아기 고양이들이 탈 나는 건 아닐까 걱정스러웠다.

반 계절 전에 길고양이 사이에서 전염병이 돌아 곳곳에서 죽은 고양이를 발견했다. 그 일로 길고양이를 보호해 주시는 분과 대화를 나눠 본 적이 있는데, 그녀는 사람들이 고양이를 죽이기 위해 치명적인 쥐약이나 독극물을 풀고 있음이 틀림없다고 말했다. 얼마 후 그녀와 함께 대화를 나눈 자리에 동물을 학대하거나 죽이는 일은 불법이라는 경고장이 붙은 것을 보았다.

놀이터가 보수 공사에 들어가며 이제는 그 풀숲에서 고양이를 찾아볼 수 없지만 이따금 동네를 걷다가 회색 무늬가 도는 고양이와 마주치는 날이면 혹시 그때 나랑 만난 고양이니, 묻는다. 너였으면 좋겠다. 햇빛이 좋은 날에는 따뜻한 볕 아래서 털을 고르기도 하고, 다른 고양이 친구들과 모여 인사를 주고받기도 하면서. 낡은 담장을 아슬아슬하게 걸어가는 뒷모습을 지켜본다. 오래오래 안녕을 빌어 본다.

너는 참새야.
도토리이고 구름이고 우주야!
어떤 슬픈 장면

"너는 참새야. 도토리고 구름이고 우주야!"

밤이 아롱이와 있다 보면 나도 모르게 세상 온갖 것의 이름을 붙여 줄 때가 있었다. 너는 아롱이고 넌 밤이지. 이런 말로는 사랑하는 존재에 대해 조금도 이야기할 수 없을 것 같을 때, 아름다운 것을 자꾸 귓가에 속삭여 주고 싶을 때, 머릿속에 떠오르는 대로, 흘러가는 대로 그렇게 말해 주었다. "너는 밤하늘의 별이야. 작은 꼬마고 동그린 씨앗이야."

그런 말이 입가를 맴도는 날이면 별안간 무언가를 깨달은 것처럼 모든 게 하나로 연결되어 있다고 생각했다. 걸을 때마다 작게 떨리는 아롱이의 귀에서 파르르 떠는 나비의 날개를 보듯이, 밤이의 등에 퍼진 동그란 무늬에서 밤송이에 묻은 흙냄새를 맡듯이 모든 건 연결되어 있다고.

그런 말을 내뱉고 종이에 쓰는 날이면 이상하게 한 장면이 떠올랐다. 두꺼운 창살로 막힌 동물원에 살았던 호랑이. 몇 걸음 내디디면 끝나고야 마는 우리 안을 하염없이 떠돌아다녔던 호랑이, 이름은 박람이. 나중에는 뒷다리가 아파 그마저도 여의치 않자 온종일 침상에서만 시간을 보냈다고 했지. 수술 중에 목숨을 잃었고. 사연을 들은 사람들이 박람이 새끼들을 좀 더 큰 우리에서 생활할 수 있도록 해 주었다고 했다. 너는 구름이고 바다고 바람인데. 사람들은 가둘 수 없는 것을 가두고, 한 뼘 더 벽을 넓힌 걸 더 나아진 것이라고 해. 참 어리석지. 수조의 돌고래는 오늘도 침대와 다름없는 공간을 계속해서 헤엄치고, 사람들은 그것을 신기해하며 아름답다 감탄하겠지. 거울에 얼굴이 비친다. 구경하며 아름답다고 말하는 사람들의 얼굴에 내 얼굴이 수도 없이 겹쳐진다. 그런 날이면 내가 너무 끔찍하게 느껴진다.

동물 연습
토끼

 어떻게 해서 동물을 사고팔 수 있다고 믿게 된 걸까? 물이 새는 줄기를 따라 거슬러 올라가면 이런 풍경에 도착한다. 펫숍의 유리창과 문방구 한구석에 자리 잡은 플라스틱 상자에 든 소라게. 교문 앞에서 팔던 병아리와 메추라기. 약간의 모이와 함께 비닐봉지에 담겨 아이들 손에 덜렁덜렁 흔들리던 생명체들. 수명은 얼마나 되는지, 무엇을 먹여야 하는지, 동물이 아프면 어떻게 해야 하고, 무엇을 해서는 안 되는지, 묻는 이도 말해 주는 이도 없이 아이들 손에 인형처럼 넘겨지던 동물들. 진열장에 전시된 피규어를 고르듯이.

 이 글을 쓰는 지금은 비단 동물만 그렇게 생각할까 싶다. 사람도 사고팔 수 있다고 생각하는 사람이 있는데.

 부끄럽지만 나도 이런 식으로 동물을 키운 적이 있다. 그것이 유일하게 동물과 관계 맺는 방식이라고 생각한 어린 시절 집에 가다 병아리 한 마리를 덜컥 사 버렸다. 혼나기는 했지만, 왜 함부로 동물을 사서는 안 되는지 차근차근 일러 준 어른은 없었다. 그렇게 스쳐 지나간 동물 중 가장 기억에 남는 존재가 있다. 예쁘라고 이름 붙여 준 갈색 털이 무척이나 아름다웠던 토끼.

내가 동물을 무척이나 좋아한다는 말에 삼촌은 아기 토끼 두 마리를 집으로 데려왔다. 한 마리는 검은색 반점이 있는 수컷 토끼고, 한 마리는 갈색 털이 보드라운 암컷 토끼였다. 학교나 학원에 가는 시간을 제외하고는 두 마리 토끼와 함께 시간을 보내는 데 여념이 없었다…….

　　토끼는 야생 때부터 간직한 생활 욕구 때문에 넓은 공간이 필요하다는 것과 끊임없이 자라는 이빨과 발톱을 갈아 낼 수 있는 건초와 재료들이 필요하다는 점, 사회적 동물이라 외로움을 탄다는 사실과 포식자의 눈길을 끌지 않기 위해 아픈 내색을 전혀 하지 않는다는 점 등은 성인이 되고 기사와 매체를 통해 접한 사실이었다.

　　무지에 대해 생각해 본다. 폭력적으로 들릴 수 있겠지만 모르는 건 죄다. 내가 어떤 존재를 아프게 했다는 건 몰랐다는 말로 퉁칠 수 있는 게 아니니까. 알려고 하지 않는 것은 나쁘다. 너와 나 사이에 놓인 무수한 가능성을 열어 보는 방식이 아니라 닫는 방식으로 향하니까. 나 하나만 여닫을 수 있는 문만 곁에 둔 채 들이고 싶은 것만 선택적으로 들이니까. 더 많은 문을 열어 봄으로써 앞으로 나아가는 것이 아니니까.

　　말은 이렇듯 거창하게 하지만 나 역시 너무도 부족한 인간이라는 걸 잘 안다. 그런 의도가 아니었어, 미안해, 말할 때 나 자신이 얼마나 비겁하게 느껴지는지 모른다. 사과한다고 해서 아팠던 말이 아프지 않은 말로 뒤바뀌는 건 아니겠지만, 내 말이 어떻게 널 아프게 했는지, 나로 인해 어떤 존재가 다치고 훼손됐는지, 지금 발아래 딛고 있는 것이 무엇인지, 귀담아듣지 않고 알려고 하지 않으면 언젠가는 혼자만의 생각으로 비대해진 방에 깨진 파편처럼 남겨지지 않을까? 텅 빈 공간에 다른 존재의 인기척과 목소리는 전혀 없고 혼잣말만 무한히 메아리치지 않을까?

이젠 어떤 것이 더 나은지 모르겠어. 더는 알고 싶지 않아. 나도 모르게 그런 말이 입 밖으로 툭 튀어나올 때 마음을 단단히 다진다. 나도 잘 안다. 어떤 존재도 상처 입히지 않고 사는 일은 불가능하다는 것을. 하지만 그 자리를 딛고 일어나 다른 방식으로 한 번 더 걸어가 보는 것이야말로 다가오는 내일을 존중하는 태도가 아닐까 싶다.

나의 무지로 인해 제대로 도움받지 못한 예삐를 생각한다. 그 기억을 함부로 잊지 않고 내일모레는, 글피는 다른 존재들을 좀 더 제대로 대하고 싶다. 노력을 멈추고 싶지 않다.

동물 연습
벨루가

 감개무량했다. 드디어 도형을 지나 생명체를 그리는 날이 왔구나. 너무나 고대해 온 날이라 화실로 가는 내내 발걸음이 가벼웠다. 여름이 오는 것도, 무성해지는 초록을 보는 것도 다 좋았다. 그래서인지 평상시보다 빨리 화실에 도착했다. 선생님은 그런 나를 차분히 가라앉히고 어떻게 구도를 잡는 것이 좋은지 시범을 보이셨다. 이번에는 내 차례. 도화지 가득 벨루가가 차도록 위치를 잡았다. 종이 위쪽에서 직선으로 떨어지는 등을 그은 후에 이마의 굽곡진 부분을 정성껏 표시했다.

 문득 그림을 그리지 않았다면 무언가를 이토록 관찰하고 살펴보는 일이 내 삶에 일어났을까 물음이 일었다. 어쩌면 평생 일어나지 않았을 것 같았다. 일상에서는 무언가를 뚫어지게 관찰하는 일이 그 대상에게는 폭력적인 시선이 될까 봐 자제하는 편인데, 오히려 이런 관찰을 통해서만 얻는 것도 있구나, 새롭게 알았다. 너무도 당연하지만 예를 들면 이런 것이다. 물체나 생명체의 표면은 같은 색으로 이루어지지 않았구나. 어떤 부분은 유독 어둡거나 밝기도 하고 상처나 얼룩이 있기도 하구나. 한번은 이런 적도 있었다. 그리는 생명체의 눈동자에 환한 빛이 찍혀 있

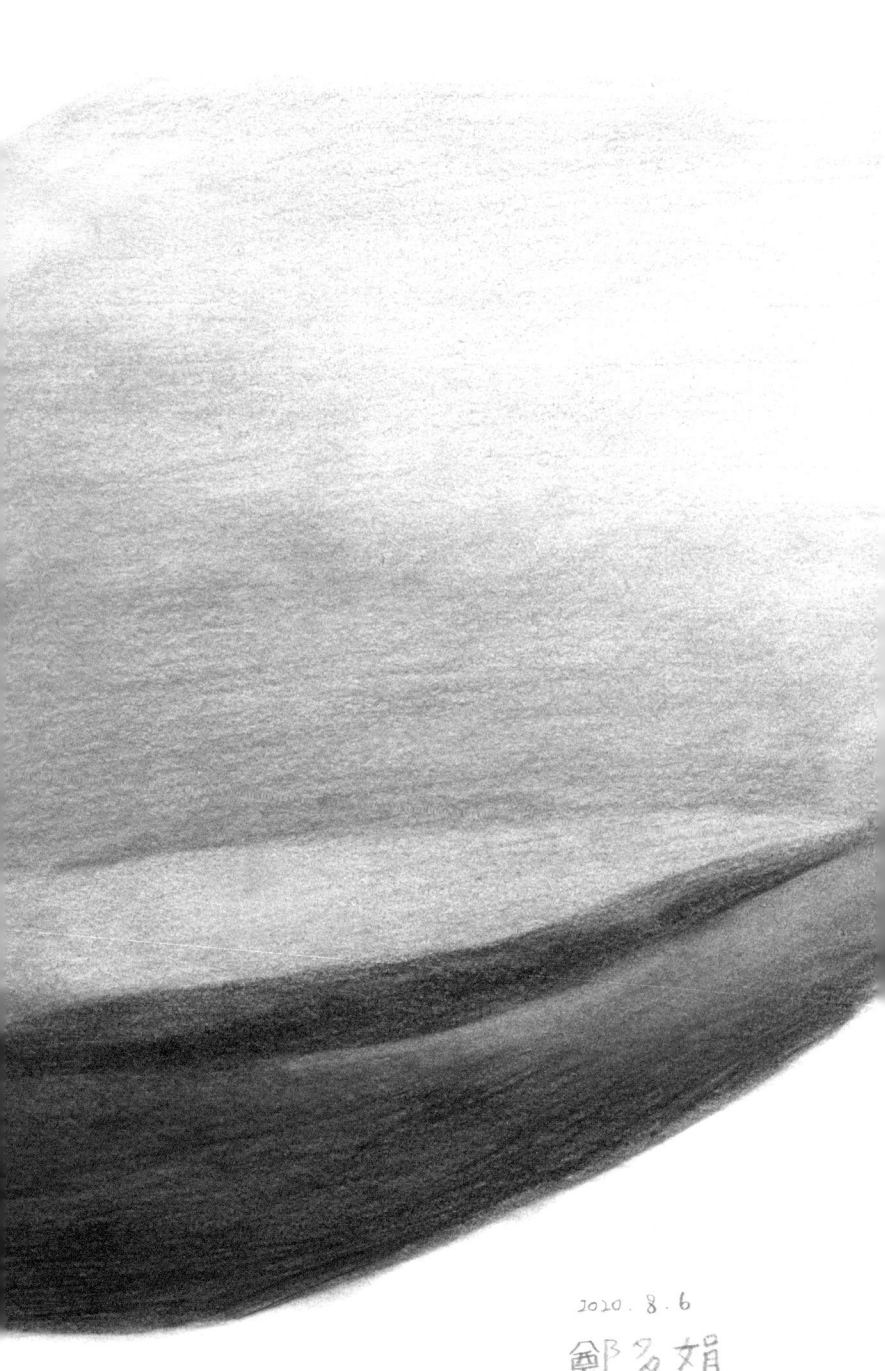

2020. 8. 6
鄭多娟

는 것 같기에 모양을 자세히 살펴봤더니 사진을 찍은 내 얼굴이 거기에 담겨 있었다. 눈동자는 이토록 선명하게 누군가를 반사할 수도 있구나, 깨달았다.

 똑같은 회색이라고 생각했는데 진한 회색부터 중간 회색, 밝은 회색까지……. 언어로는 다 쪼갤 수 없는 무수한 색이 있다는 것. 그저 사물에 떨어지는 빛이라고 착각했는데, 고유한 존재의 형상이 그 안에 들어 있기도 한 것. 그림에서 배운 것들이다.

 벨루가를 그리면서 특히 신경 쓴 부분은 그러데이션이다. 벨루가는 구 형태가 많고 피부가 하얘서 명암이 잘 드러나는 특성이 있다. 그에 맞게 색감을 잘 넣어야 안구가 얼마만큼 안으로 들어갔는지 혹은 앞으로 나왔는지, 입술의 두께감은 어떤지 입체감 있게 선명히 드러낼 수 있다. 완성된 그림만 보면 손쉽게 쓱쓱 그린 것 같지만……. 한 달 동안 형태 잡기부터 색감, 그러데이션 단계를 차근차근 진행해 갔다.

 그림을 다 완성한 날, 북극을 헤엄치는 벨루가 영상을 찾아봤다. 얼마만큼의 시간이 쌓여서 저만큼 거대해졌는지 인간의 시간으로는 감히 다 헤아릴 수 없는 빙하를 넋 놓고 바라보는데, 깨진 얼음 조각을 헤치고 벨루가 무리가 수면 위로 고개를 들기 시작했다. 이어서 공중에 물을 내뿜는 소리와 함께 주파수 높은 맑은소리. 맞다, 책에서는 벨루가를 바다의 카나리아라고 소개하기도 했지. 찌직- 새가 지저귀는 것 같기도 하고, 고드름과 고드름이 부딪힐 때 나는 소리 같기도 한 벨루가 소리에 잔뜩 마음을 빼앗겼을 때 아쿠아리움에서 이상 행동을 하는 벨루가의 영상을 발견했다. 북극을 시원하게 누비는 벨루가의 소리와 수족관 유리 벽에 머리를 댄 벨루가의 소리가 너무나도 달라서 놀랐다. 솔직히 말하면 경악했다.

이 글을 마무리하는 2021년 11월, 롯데월드 아쿠아리움에서 9세 암컷 벨라를 바다로 돌려보내는 계획과 절차를 밟고 있다는 소식을 접했다. 한쪽에서는 벨라가 야생으로 돌아가면 거친 환경에서 생존이 가능하겠냐는 의문을 제기한다고. 인간은 이토록 인간중심적이다. 자연을 비롯한 다른 동식물은 언제나 인간의 예상을 뛰어넘는다. 인간은 사실을 알아야 한다.

나는 벨라가 동료와 함께 바다를 마음껏 헤엄치고, 새끼를 기르고, 때가 되면 따뜻한 강 하구로 몰려가 거칠거칠한 자갈에 온몸을 비비며 죽은 피부를 벗겨 내는 삶을 살아가기 바란다. 인간이 만든 울타리는 부수면 그만이다.

2020. 7. 10일

두 번째 마음이 담음
(이쁜 강아지 얼굴사진 담으시며)

해피와 코코

밤이와 아롱이 이야기를 하려면 반드시 해피와 코코도 말해야 한다.

해피는 하얀 털에 밝은 갈색 털이 섞인 조심성 많은 강아지였다. 낯선 사람에게는 특히 경계심을 보여서 친해지는 데 오랜 시간이 걸렸다. 그렇지만 한번 가까워지면 누구보다도 다정하게 곁을 내주었다. 늘 한 걸음 뒤에서 함께 걷는 걸 좋아한 해피.

반면 털이 검은 코코는 유독 사람을 좋아했다. 처음 보는 사람에게도 벌러덩 누우며 친근감을 표시해서 걱정스러울 정도였다. 부채모양의 꼬리를 살랑살랑 흔들며 사람을 궁금해한 코코. 눈동자가 잘 여문 호박처럼 주황빛이었고, 아빠가 차를 타고 서울로 갈 때면 자꾸만 뒤따라와 몇 번이고 집에 데려다줘야 했다.

이 아름다운 두 강아지가 만나 밤이가 태어났다. 밤이를 처음 본 날이 생생하게 기억난다. 함박눈이 펑펑 내리는 날이었고, 나는 이웃집에서 새끼 강아지들이 태어났다는 말에 두툼한 외투를 아무렇게나 껴입고 비닐하우스를 찾아갔다. 안으로 들어가니 해피의 품에서 새끼 강아지들이 꼬물거리고 있었다. 혹시 다치기라도 할까 봐 만지지도, 안아보지도 못하고 바라만 보는데 아빠가 밤이를 안아 들었다.

그렇게 우리는 가족이 되었다.

해피와 코코를 생각하면 마음이 아프다. 코코는 마을에서 실종되고, 해피는 우리가 강아지들을 위해 마련해 둔 곳에서 죽은 채 발견됐다. 제대로 된 예방 접종을 받지 못하고 치명적인 병에 걸린 것 같다.

해피와의 마지막 장면이 기억난다. 해피가 죽은 채로 발견됐다는 소식을 듣기 전에 블루베리를 따러 시골에 내려간 적이 있었다. 일을 끝내고 남은 시간에 카메라를 들고 동네를 돌아다니며 이것저것 찍다가 문득 해피와 사진 한 장을 남기고 싶다는 생각이 들었다. 내가 마당 한편에 자리 잡자 고맙게도 해피가 옆으로 다가와 주었다. 찰칵. 다시 찰칵. 그게 해피와의 마지막이 될 줄은 전혀 몰랐다.

사람과 강아지 양쪽 모두에게 거리를 유지하려고 노력하는 밤이에게서 유난히 조심성 많던 해피를 본다. 까맣고 빛나는 눈동자로 지나가는 사람에게 다가가길 좋아한 아롱이와 있을 때 코코를 떠올렸다. 이제 아롱이도, 해피도, 코코도 곁에 없지만, 밤이랑 산책하다 보면 아롱이, 해피, 코코와 계속해서 나란히 함께 걷는 것만 같다.

자연이

　자연이는 수학자와 13년을 함께 한 가족이자 반려견이다. 내가 아는 강아지 친구 중 눈이 가장 맑고 동그란 코는 어렴풋한 갈색빛을 띠었다. 산책하다 몰티즈종의 강아지 친구와 마주칠 때, 목화솜처럼 커다랗고 하얀 구름을 볼 때, 자연이를 떠올리곤 했다. 나의 첫 번째 강아지 친구 자연이.

　이 글을 쓰기 위해 수학자에게 전화를 걸어 허락을 구하고 자연이에 대해 몇 가지 물어보았다. 자연이와 어떻게 만났는지 그 시작점을 말이다. 수학자가 들려준 이야기는 이렇다. 어린 수학자는 무척이나 외로움을 타는 아이였다. 정이 많고 누군가와 떨어지는 걸 어려워한 수학자는 언젠가부터 강아지와 함께 생활하고 싶었다. 부모님은 거세게 반대했지만 수학자의 완강한 모습에 곧 마음을 돌리셨다. 차를 타고 여기저기 다니며 가족이 될 강아지를 찾던 가족들은 마지막이라고 생각하며 동물 병원에 들어선다. 그리고 태어난 지 석 달이 된 자연이를 만난다. 2000년대 초반 생후 한 달이 채 되지 않은 새끼 강아지를 마구잡이로 입양하던 분위기를 고려해 볼 때, 자연이의 입양 시기는 다소 늦은 편이었다. 그렇지만 수학자는 한눈에 자연이와 가족이 되고 싶었다.

그렇게 수학자는 자연이와 함께 성장했다. 부모님이 출근하고 어린 남동생과 둘만 남은 날이면 자연이와 집 안 곳곳을 누비며 숨바꼭질도 하면서. 수학자는 중학생이 되고, 고등학생이 되고, 성인이 되었다.

처음 수학자의 집에 놀러 간 날이 생각난다. 현관 중문을 열자 작고 하얀 강아지가 짖기 시작했다. 어떻게 해야 할지 난감해하는데 수학자가 말했다.

"자연이는 사람을 무척 좋아해. 좋아해서 만져 달라고 하는 거야."

신발을 벗고 소파에 앉아 곁에 다가온 자연이를 어루만지니 언제 짖었냐는 듯 눈을 감고 꾸벅꾸벅 졸기 시작했다. 얼마나 시간이 흘렀을까. 수학자와 시 이야기를 나누며 그동안 쓴 원고를 서로 살펴보는데, 자연이가 내 무릎에서 곤히 잠들었다. 혹시 재채기라도 하면 자연이가 놀라 잠에서 깨어날까 봐 조심조심 움직였던 게 아직도 어제 일처럼 선명하다.

2018년 자연이는 건강하게 지내다 갑작스럽게 수학자와 가족의 곁을 떠났다. 수학자에게 그 소식을 들었을 때 어떤 말도 함부로 덧붙일 수 없었다. 내가 감히 다 헤아릴 수 없는 친구의 슬픔 앞에서 할 수 있는 일이라곤 수화기 너머로 떨리듯 전해져 오는 목소리에 귀를 기울이는 것뿐이었다.

시간을 건너 돌이켜 생각해 보면 수학자에게 아무 힘이 되어 주지 못한 것 같아 미안하고 죄스러운 마음이 든다. 아롱이가 떠났을 때 내가 오랫동안 침묵한 것처럼 수학자도 오래오래 말을 아꼈다. 그리고 어느 날 말했다.

"다연아, 그거 알아? 10년 넘게 화장실에 밴 자연이 냄새가 일주일 지나니까 다 사라지더라."

내가 수학자에게 들은 말 가운데 가장 슬픈 말이다.

어떤 하루가 떠오른다. 수학자네 집에서 자다가 눈을 떴는데, 자연이가 나를 가만히 올려다보고 있었다. 자는 모습을 동물 친구에게 들킨 것은 처음이라 쑥스러웠지만, 나를 깨우지 않고 스스로 일어날 때까지 기다려 준 자연이가 무척이나 고마웠다. 비몽사몽 겨우 눈을 뜨고 자연이를 향해 손을 뻗었는데 어느 순간부터 자연이가 내 몸 곳곳을 정성껏 핥아 주기 시작했다. 축축하고 따뜻한 온기.

"무슨 뜻이야, 자연아?"

내가 물으면 동그란 눈으로 올려다보다 다시 품을 파고들던 자연이의 온기가 아직도 손안에서 느껴진다.

아주 잠깐 자연이와 만났을 뿐인데도 이토록 따뜻한 기억이 남아 있는데 13년간 자연이와 함께 산 수학자는 얼마나 많은 추억을 그 안에 간직하고 있을까. 차마 어디에도 다 털어놓지 못한 그 무수한 이야기는 내가 다 그려 볼 수 없는 수학자 삶의 한 부분이겠지만 말이다.

아롱이를 떠나보내고 슬픔에 빠져 있을 때 수학자가 들려준 말이 있다. 아롱이는 자연이랑 만나서 잘 지낼 거라고. 생각해 보니 나는 수학자에게 그런 말을 건넨 적이 없는 것 같다. 부끄럽다. 너무나 늦었지만 이 책을 통해 수학자에게 말하고 싶다. 자연이 역시 아롱이와 함께 잘 지낼 거라고. 우리가 지금 여기에서 서로를 돌보며 하루를 살아가듯이 아롱이와 자연이도 그럴 거라고. 허튼 상상이 아니라 정말로 그럴 거라고.

밤이 관찰 일기
내 발걸음에 내가 놀라는 순간

　밤이는 소음에 굉장히 민감한 강아지다. 그 이유를 조심스럽게 추측해 보면 밤이가 어린 시절을 시골에서 보냈기 때문 아닐까 싶다. 처음 밤이가 도시에 왔을 때가 기억난다. 그때 밤이는 경적을 울리는 버스 소리, 자동차 엔진음, 지나가는 아이들의 웃음소리에도 깜짝 놀라 움직이지 못했다. 계속해서 바닥에 주저앉는 밤이를 보며 처음으로 내가 딛고 사는 곳이 소음만으로도 어떤 존재에겐 폭력적일 수 있구나 생각했다.

　시간이 꽤 흐른 지금, 밤이는 아주 잘 적응해 소음을 듣고도 씩씩하게 횡단보도를 건널 수 있는 강아지가 되었다.

　어느 날이었다. 어두운 숲길에서 평상시와 다름없이 산책하는데, 밤이가 자신의 발걸음에 깜짝 놀라는 일이 있었다. 이후로도 여러 번 같은 일이 반복됐다. 그 모습을 지켜보며 자기 발걸음 소리에 놀라는 순간에 대해 생각해 봤다.

　요즘 나는 내 얼굴을 확인하고 만져 보는 작업을 하고 있다. 내 얼굴의 생김새가 어떤지 매만지는 일은 다른 사람은 모르겠지만 적어도 나에겐 그다지 유쾌한 일이 아니다. 현미경으로 자기 자신을 들여다보기 시작하면 적어도 하나 이상 모난 구석을 발견하기 마련이고, 그런 흠집이 난, 불균형하게 파인 내 모습이 마냥 보기 좋을 리 없다.

그런데 하루 한 번은 어쩔 수 없이 거울 앞에 서는 것처럼 나 자신을 한 번씩 비춰 봐야 할 때가 있다. 나에게 그 순간은 작업한 원고를 하나하나 살펴보는 때이기도 하고, 사람과 사람 사이에서 나 자신에게 실망한 순간이기도 하다. 스스로를 되돌아보는 자리에서 생겨난 경악만큼 나를 놀라게 하는 일이 있을까. 내가 정말 이렇게 글을 썼단 말이야? 사람에게 이런 말을 건넸단 말이야? 내가 정말 이런 인간이란 말이야? 자신에게 외치는 실망의 말들.

여기까지 쓰고 난 뒤 바람을 쐴 겸 밤이와 함께 밤산책을 다녀왔다. 오늘 밤이는 자기 발걸음 소리에 놀라지 않았다. 평상시처럼 땅을 조금 파내 제 발자국을 남기고, 한껏 신나서 발을 구른 뒤에 집으로 돌아왔다. 그리고 언제나 그러듯 내 곁에서 쉬고 있다.

조용히 가라앉은 내 마음 깊은 곳을 들여다본다. 아직 손에 닿지 않아서, 만져지지 않아서 부스러지는 소리를 내지 못한 마음과 어쩌면 평생토록 수면 위로 드러나지 않을 꽁꽁 숨겨진 감정들을.

내가 좋아하는 김소연 시인의 시 <손아귀>에는 다음과 같은 구절이 나온다. "망가지는 것들은 아무 소리도 내지 않는다/ 조용히 오래오래 망가져 간다/ 다 망가지고 나서야 누군가에게 발견된다"

이 시를 천천히 곱씹다 보니 내 안의 불협화음을 발견하는 순간은 단순히 경악의 순간이 아니라 나 자신과 대화를 나눌 기회를 뜻하는 게 아닌가 싶다. 내면에서 들려오는 소리에 귀를 기울이고 써 내려간 글을 천천히 살피면서 어느 쪽으로 발걸음을 옮겨야 할지 헤아려 보는 시간 말이다. 그 시간에 있길 너무 두려워하지 않는다면 깊고 단단한 침묵 속에서도 아주 작게 들려오는 하나의 소리를 발견 할 수도 있을 것이다. 잎사귀에 내려앉은 눈송이의 기척처럼 가볍게 빛나는.

한 가지 다행인 게 있다. 밤이가 제 소리에 놀라 도망칠 때 내가 곁에 서 있었다는 것이다. 내가 소리에 놀라 도망치고 싶어 할 때 밤이가 등 뒤에서 날 붙잡아 주었듯 말이다.

사랑하는 존재는 꿈에 잘 나오지 않는다

간밤에 나쁜 꿈을 꿨다. 과거에 모진 말을 퍼부은 사람들이 대거 등장하며 폭언을 퍼붓는 꿈. 나는 상대가 쏟아 내는 말에 제대로 항변하지도, 대응하지도 못한 채 온몸이 마비된 상태로 홀로 서 있었다. 몰리고 몰리다 무언가 한마디를 해야겠다 싶어 비명을 지르면 목에서 알아들을 수 없는 쇳소리만 났다. 결국 꿈을 버티지 못하고 잠에서 깼다.

꿈은 인간에게 무엇일까. 사랑하는 존재와 얼음 서린 산딸기를 나눠 먹는 꿈이나 다디단 잼을 끓이고 모닥불을 쬐며 꽁꽁 언 몸을 녹이는 꿈이라면 언제까지고 꿀 수 있을 텐데. 신이 있다면 나를 사랑하는 게 분명하다. 악몽을 꾸게 하며 언제까지고 어질러진 현실로 날 추방하니까. 네 문제는 꿈에서도 해결 못 해, 당장 현실에서 해결하고 와, 내쫓으니까.

아롱이를 떠나보내고 꿈에서 아롱이가 나온 건 두 번뿐이다. 한 번은 첫 번째 시집 낭독회 날. 아롱이를 떠나보낸 상황에서 낭독회를 해야 하나 말아야 하나 마지막까지 수십 번 고민하다 잠들었는데 꿈에서 아롱이가 나왔다. 평상시와 다름없이 나를 쳐다보다 조용히 곁을 떠났다. 나는 멋대로 아롱이가 나를 응원해 주러 온 거라고 믿었다.

　두 번째 꿈은 정황만 분명하게 기억한다. 꿈에서 아롱이와 함께 산책하는데, 풀숲에 들어가면 아롱이가 죽는다는 걸 알았다. 아롱이를 품에 안고 아주 조심조심 걸었다. 저기에 들어가면 안 돼. 위험해. 품에 안긴 아롱이를 타이르면서. 우리는 안전하게 풀숲을 지났고, 다시 걷기 시작했다.

　포트의 전원이 꺼졌다. 투명한 유리컵에 녹차 티백을 넣었다. 차분하게 호흡을 가다듬었다. 꿈을 복기하는 건 그만. 할 일을 충실히 하자. 지우개 가루를 한곳에 모아 버리고 책상에 이젤을 올렸다. 오늘따라 이젤에서 나는 원목 냄새가 좋았다. 그림을 그려서 가장 좋은 점은 글 쓰는 일 외에도 마음 둘 곳이 생겼다는 것이다. 대상에만 온 신경을 집중하면 언제든 세상에서 잠시 사라질 수 있다.

　첫 번째 그림과 두 번째 그림의 목표가 아롱이와 비슷하게 그리는 거였다면, 세 번째 그림은 아롱이 털을 표현하는 게 목표였다. 얼마 전 다른 수강생이 동물 털을 묘사할 때 지우개 사용하는 걸 보고 저거다 싶었다. 나한테 부족한 점이 무엇인지 명확하게 깨달은 것이다. 연필로 얼굴 쪽에 진하게 명암을 놓고 뭉툭한 지우개로 몸을 쓱쓱 그었다. 지워지긴 하는데……. 뭐랄까, 털의 굵기가 생각보다 촘촘하게 표현되지 않았다. 손에 흑연을 아주 살짝 묻혀서 몸 전체를 칠했다가 다시 지우개로 천천히 지워 보았다. 결과는 같았다. 뭐가 문제인지 알 수 없었다.

　나중에 그림을 들고 선생님께 여쭤 보니 지우개의 굵기가 문제라고 말씀해 주셨다. 선생님은 지우개 단면을 칼로 매끈하게 자른 뒤 면의 끝부분을 사용해 선을 하나 그었다. 놀랍도록 얇은 선이 백지에 그어졌다. 정말 실제 털처럼 가늘었다. 문득 머릿속에 스친 질문이 있어 선생님께 여쭸다.

"설마…… 이런 식으로 털을 한 올 한 올 표현해야 하는 건 아니죠?"
"맞아요."

단호한 말씀에 머릿속이 하얘졌다. 아롱이 털을 지우개로 다 표현해야 한다니 갈 길이 한참 남았구나, 생각했다.

"오늘부터 아롱이 소묘 들어갈게요."
드디어 선생님이 말씀하셨다.

가끔 아롱이가 오늘만큼은 꿈에 와 줬으면 싶을 때가 있다. 언제나 그런 바람은 다음 날 아침이면 무색해지고 말지만.
신기하다. 날 아프게 한 사람은 꿈에서도 아프게 하고, 한 번도 날 아프게 하지 않은 존재는 꿈에서도 날 아프게 하지 않는다는 게. 상투적인 말이지만 조금이라도 마음이 아플까 봐 아롱이가 찾아오지 않은 건 아닐까 싶다. 이제는 조금 다르게 아롱이를 맞이하고 잠에서 깨어날 수 있는데. 의도와 상관없이 살짝만 방향이 어긋나도 서로에게 상처 주고 상처받는 세계에서 실수로라도 아롱이가 단 한 번도 날 깨물지 않았다는 게 이상하다.

눈물과 콧물

"벨루가 그림을 다 마치면 아롱이 소묘에 들어갈게요."

곧 있으면 아롱이를 그린다는 말에 기쁨보다는 두려움이 앞섰다. 아롱이 사진만 봐도 눈물과 콧물을 쏟는데, 어떻게 아롱이 사진과 마주할 수 있을까 겁이 났다.

화실에 가서 그림을 그리기는커녕 울다가 나올까 봐 집에서 아롱이 사진을 인화해 놓고 바라보는 연습을 했다. 그리고 스케치북을 뜯어 미리 연습을 해 봤다. 아롱이 코 주변에 보이는 반점들과 볼 옆으로 뻗은 수염을 몇 개를 그리다 연필을 내려놓았다. 자꾸만 아롱이를 만져 보고 싶다는 생각이 들었다. 아롱이는 안 보이고 온통 내 마음만 보였다. 아롱이가 왜 그렇게 떠나야 했지? 원망 섞인 마음과 더 많은 시간을 함께 보내지 못한 속상함. 얼룩진 죄책감들. 그때 내가 더 빨리 달렸더라면, 아니 아롱이를 더 세게 흔들어 깨웠더라면 어땠을까, 자책하다 이런 마음으로 그려선 안 된다고, 되뇌었다. 그럼 도대체 어떤 마음으로 아롱이를 그려야 하는 거지. 혼란스러웠다.

아롱이를 그리려고 한 것은 아롱이와 함께 한 시간을 소중히 여기고, 지금으로서는 도무지 인정할 수 없는 작별의 시간을 나의 속도로 받아들이기 위함인데……. 얼마만큼이면, 어느 속도면 충분히 슬퍼하는 걸까. 조용히 밑으로 빠져드는 늪처럼 혼자서 허우적거릴 때 이런 생각이 들었다. 내가 늪의 시간을 지나는 것 역시 받아들여야 한다고. 죄책감이 들면 죄책감이 드는 대로, 아쉬우면 아쉬운 대로 내 안에서 벌어지는 감정을 추방하지 않고 있는 그대로 느껴야 한다고.

옛사람들은 경제적 목적으로 사용하기 어렵다는 이유를 들어 늪을 쓸모없는 땅이라고 불렀다. 하지만 늪은 그 안에 온실가스를 저장하고 수많은 생명체에게 보금자리를 마련해 준다는 점에서 모든 존재에게 꼭 필요한 곳이다.

사람의 감정도 경제적 효용성만으로 바라본다면 쓸모없는 것에 불과할 터다. 감정은 나를 느리게 하고, 우회하게 하고, 때때로 슬픔에 잠겨 있게 하니까. 그러나 어둠이 있는 곳에 반딧불이가 빛나듯, 물이 고인 곳에 식물이 뿌리내리듯 언젠가 못처럼 고인 내 슬픔에도 실잠자리가 날아들고 댕기물떼새가 목을 축이러 날아올 수 있지 않을까.

선을 하나 그어야 선이 하나 생긴다는 것. 하루를 살아야만 또다시 하루가 온다는 것. 그런 정직함이 위로가 된다. 나의 슬픔을 무수한 선으로 바꾸어 아롱이를 그리고 싶다. 시간이 흐른 뒤 지나온 자리를 살펴봤을 때, 그 안에 돋을무늬처럼 새겨졌을 형상을 보고 싶다. 흩어진 마음의 조각을 이어서 만든 무한한 별자리를 말이다.

3부

선을 웅감하게 따라가다

첫 번째 아롱이 소묘

아롱이가 우리 집에 왔을 때 처음 찍은 사진을 이젤에 덩그러니 올려 두고 어디서부터 시작해야 할지, 무엇부터 그리면 좋을지, 과연 그릴 수나 있을지, 그림 앞에서 외로웠던 게 사실이다. 그때 내게 용기를 준 것은 그릴 수 있다는 응원도, 잘할 수 있다는 막연한 믿음도 아닌 한 줄기 선이었다.

가장 먼저 아롱이를 어떤 크기로 그릴 것인지 비율을 정해 직사각형 틀을 그렸다. 그리고 일정한 비율로 칸을 등분하기 시작했다. 가령 이런 식이다. 아롱이의 몸 중 가장 낮은 곳과 높은 곳의 위치를 표시한다. 그 둘을 정확히 반으로 가르는 지점을 표시한 다음 몸의 위치를 하나씩 확인해 간다. 사진에서 가장 높은 지점은 아롱이의 코끝, 낮은 지점은 꼬리에 가까운 몸의 한 부분. 그 사이를 반으로 가로지르는 선은 아롱이의 얼굴이 끝나는 점에서 좀 더 낮은 위치.

다시 등분 등분. 픽셀처럼 직사각형을 작은 직사각형으로 쪼개 가며 몸의 위치를 잡아 나갔다. 그다음에는 천천히 꼼꼼하게 아롱이의 몸과 백지를 나누는 경계선을 그려 나갔다.

더디게 작업이 흘러갔다. 그럴 때마다 선 연습 작업을 떠올렸다. 아롱이에게 다다르기 위해 쌓아 올린 시간을 말이다. 선이 모여 면이 되듯이, 면이 모여 입체가 되듯이, 지금 내가 그리는 이 형상들이 아롱이의 부분이 되어 전체를 이룰 것을 의심치 않았다.

이번에는 명암 차례였다. 가장 밝은 곳과 어두운 곳, 그 사이에 중간 톤이 될 영역들을 확인한 뒤 연필로 색감을 넣었다. 빛의 방향을 확인해 지우개로 톤을 조절해 주는 것도 잊지 말아야 했다. 집중하고 인내해야 했다.

마지막으로 사진에서 두드러지게 보이는 신체의 특징을 그림에 옮겨 디테일을 더했다. 수염 구멍과 수염, 눈동자에 비친 빛과 코의 구조 같은 것들. 완벽하게 다 그리지는 못했지만 최대한 사진과 가깝게 표현하려고 애를 썼다. 이제 남은 것은 또박또박 날짜를 기입하고 서명을 새기는 일.

그날 화실을 나서며 이런 생각을 했다. 겨우 한 걸음을 뗐구나. 이 걸음은 그냥 관성적으로 내디딘 한 걸음이 아니라 정말 정성을 들인 한 걸음이구나. 오랫동안 고민하고 망설인 만큼 앞으로도 잘 걸어 보고 싶다. 그렇게 혼자 오래 속삭였다.

아롱이와 처음 걸은 날이 떠오른다. 추위가 기승을 부리는 겨울의 막바지였고, 초저녁부터 내린 눈으로 인해 산책로가 거울처럼 빛났다. 미끄러지지 않으려고 조심스레 걷는데, 아롱이는 도시의 낯선 환경에 몇 걸음을 떼다가 주저앉기를 반복했다. 흑점처럼 까맣고 동그란 두 눈에 서린 두려움이 온몸으로 느껴져서 채근하지 않고 묵묵히 곁을 지켰다. 얼마나 지났을까. 서툴고 더디지만 아롱이가 한 발자국씩 나를 믿고 걸음을 떼기 시작했다.

이번엔 내 차례다. 새로운 춤을 배우는 무용수의 첫 스텝처럼 서두르지 않고 보폭에 맞춰 아롱이를 이루는 선을 용감하게 따라간다. 하나둘 선의 경로가 생기기 시작한다. 우리가 눈밭을 걷다가 뒤를 돌았을 때 어느덧 생겨난 발자국 무늬처럼. 나는 다시 한번 백지 위를 아롱이와 함께 걸어 본다.

두 번째 아롱이 소묘

"산책 가자!"

강아지가 이보다 더 좋아하는 말이 또 있을까? 도시에서만 생활하느라 답답했을 아롱이와 밤이를 위해 시골에 내려가 산행에 나섰다. 어떻게 알았는지, 동네 강아지들도 하나둘 모이기 시작했다. 돌돌이와 영원이.

우리는 마을을 가로지르는 샛길을 따라 숲으로 들어섰다. 향나무와 밤나무, 오리나무와 느릅나무. 시원하고 맑은 풋사과 같은 향기. 수많은 나무가 한데 섞여 뿜어내는 냄새가 무척이나 좋았다. 오랜만에 숨통이 트이는 기분이었다.

계곡에서 흘러나온 물이 운동화를 적셨다. 점프 그리고 점프! 장애물을 넘듯 일사불란하게 물을 피해 유연하게 뛰어오르는 강아지들을 보고 있자니 절로 눈웃음이 지어졌다.

오랜만의 산행에 신이 났는지 아롱이는 수풀을 헤치고 다니기 바빴다. 덕분에 꽃잎에 풍덩 뛰어든 꿀벌이나 돌 틈에 똬리를 튼 새끼 뱀을 발견하기도 했다. 그 풍경을 바라보며 아롱이를 뒤따르다 '출입 금지' 펜스에 길이 막히고 말았다. 둘러보니 대대

적인 벌목이 시작되고 있었다. 이 나무들을 전부 어쩌려는 걸까? 얼마 전까지만 해도 나무가 우거졌던 곳인데……. 경제적으로 가치가 적은 어린 나무들도 그 안에 섞여 있어서 의아했다. 정부가 진행하는 숲 가꾸기 사업의 지원금을 받기 위해 불필요한 벌목을 감행하는 경우도 많다는데. 자세한 내막은 모르지만 거대한 무덤처럼 쌓여 있던 나무들이 오랫동안 기억에 남았다.

    그날 저녁이 생각난다. 품속에 파고든 아롱이의 들숨과 날숨을 들으며 잠을 청하는데 고라니 울음소리가 들렸다. 비명과 흡사한 면이 있어서 가끔 사람들을 깜짝 놀라게 한다는.

    혹여나 벌목이 고라니에게 미치는 영향이 있을까 하여 찾아보니, 고라니에게는 수목이 우거진 것보다 벌목되어 작은 풀이 자라는 곳이 더 살기 좋은 환경이라고 한다. 벌목은 산의 생태계를 파괴하고 산불에 취약하게 만들기도 하지만, 어떤 존재에게는 살아가기 좋은 환경을 제공하기도 한다.

    자연을 바라보면 인간의 관점에서 좋고 나쁨을 판단하는 일이 생각보다 어렵다는 걸 깨닫는다. 어떤 일도 전적으로 나쁘고 좋은 일은 없다는 것. 세상의 일은 무 자르듯 딱딱 나뉘는 게 아니라는 것. 그걸 어떻게 받아들여야 하는지 아직까진 잘 모르겠다. 아롱이의 죽음과 연관하여 생각한다면 더더욱.

    시간을 건너서 그날의 장면을 백지에 옮긴다. 카메라를 들고 아롱이를 불렀을 때 아롱이가 내게 보여 준 옆모습을. 기분 좋음이 잔뜩 묻어 있는 입가를. 그림에는 다 담기지 않은 계곡물의 시원함, 솔잎의 향기. 아롱이의 몸에 묻는 흙을 생각하며 찰필로 선의 경계를 풀어 준다. 그것이 또 다른 선과 부드럽게 이어질 때까지. 쫑긋 선 귀와 꼬리의 형태를 잡고, 빛이 오는 방향에 따라 털의 결을 잡아 준다.

지금 이 시간은 나에게 어떤 시간이 될까. 한동안 아롱이의 죽음을 비롯해 나에게 벌어진 모든 일이 나쁜 일이라고 생각한 적이 있었다. 이보다 더 나쁠 수는 없을 거라고. 그 생각이 어찌나 강한지 다른 여지가 끼어들 틈이 없었다. 하지만 그림을 그리며 아롱이와의 시간을 되짚는 지금은 조금 다르다. 미지의 곳으로 향하는 배가 바람을 탓하지 않고 묵묵히 돛을 옮기며 나아가듯이 삶이 가져다주는 풍랑을 온몸으로 맞으면서 방향을 잡고 나아가는 것. 판단하거나 정의 내리기보다는 행동하고 다시 일어서는 것. 그 과정 자체가 귀한 것이 아닐까.

이제 나는 바람과 파도를 탓하기보다는 슬픔을 이젤 앞으로 데려가 묵묵히 대면하려고 한다. 이 시간이 어떠한 것이 되지 않아도 좋다. 판단하지 않아도 되고 한계 짓지 않아도 된다. 다만 내가 아롱이를 기억하고, 여전히 사랑하고, 계속해서 그림을 그려 나간다는 것, 그 사실만으로 충분하다.

도시의 이웃들

산책하다 보면 강아지가 어디에 오줌 누는 걸 선호하는지, 기분이 좋거나 나쁠 때는 어떤 자세를 취하는지 외에도 이웃의 별난 습성을 알게 된다. 어제는 길을 걷다가 아주 크게 목청껏 노래하는 사람과 마주쳤는데, 번뜩 깨달았다. 저 사람 어제도 저 자리에서 노래하던 사람이잖아?

이런 이웃도 있다. 모자를 뒤집어쓰고 아침 일찍 나와서 기체조하는 아저씨. 그 몸짓이 얼마나 진중하고 정교한지, 꼭 가부좌하고 명상하는 수도승 같아서 그곳을 지날 때는 조심하게 된다. 벤치를 이곳저곳 옮겨 다니며 기도문을 외우는 사람도 있다. 성경 같기도 하고 찬송가 같기도 한데……. 귀를 기울여도 허밍하듯 낮게 읊조려서 무슨 내용인지 도통 알아듣기 어렵다. 이외에도 이른 저녁이면 베란다에 서서 누군가를 기다리는 듯한 아이와 바깥에서 자라는 화분에 물을 주며 하루를 시작하는 아주머니도 자주 마주치는 이웃이다.

어쩌면 저 사람들에게 나 역시 밤색 무늬 강아지와 함께 거리에 단골처럼 등장하는 인물일 터다. 시시때때로 등장해서 구부정한 허리로 눈곱을 떼며 길을 나서는…….

밤산책을 하고 밤이와 집으로 들어가려는데 아이가 베란다 창문을 활짝 열고 울먹이며 외쳤다.

"나도 데려가면 안 돼?"

한 사람이 걸음을 멈췄다.

"안 돼. 당장 들어가."

말하는 사람의 목소리가 단호하고 차가웠다.

실망한 기색이 역력한 아이는 그 사람이 사라질 때까지 베란다 앞을 지키다 창문을 닫았다. 쾅, 골목을 가득 울리는 그 소리가 꼭 다친 마음이 내는 소리 같아 신경 쓰였다.

다음 날 퇴근 후에도 그 아이는 베란다 앞에서 서성이고 있었다. 이번에는 자기보다 더 어린 동생과 함께. 발꿈치를 들고. 어제 이른 저녁 길을 나선 그 사람은 아이들에게 돌아왔을까?

다시 길을 나선다. 겨울바람이 무척 매섭다. 우리는 이름도 나이도 얼굴도 잘 모르는 사이지만, 골목에 사는 이웃들이 가끔은 지나치게 궁금하다.

세 번째 아롱이 소묘
여자는 시베리안허스키를 키울 수 없다

인터넷 서핑을 하다 충격적인 기사를 봤다. 아프가니스탄에서 여성을 위한 체육관을 운영하는 바라크자이의 반려견 '아스만'을 한 무리의 남성들이 쏴 죽였다는 기사였다. 아스만에게 총을 쏘지 말아 달라며 애원한 바라크자이에게 가해자들이 던진 말은 "여자는 시베리안허스키를 키울 수 없다."라고 한다. 국경을 가르지 않는 여성 혐오에 얼음물을 뒤집어쓴 것처럼 가슴이 차가워졌다.

여성은 남성이 차를 태워 주지 않으면 어딘가로 이동하는 게 불가능한 아프가니스탄에서 바라크자이는 10대 여성들에게 자전거 타는 법을 가르쳐 주는 일을 했다고 한다. 그 지역 사회에서는 최초로 여성으로서 체육관을 운영했다고. 자매 세타예시는 바라크자이와 아스만에게 벌어진 일이 그녀의 직업과 무관하지 않다고 말하며 바라크자이가 20년 전 체육관을 열었을 때 지역 사회에서 공격적인 반응이 일었으며, 그 수준은 목숨이 위험할 정도였다고 인터뷰에서 밝혔다.

여성이 체육관을 열고 다른 여성에게 자전거 타는 법을 가르쳐 주는 일이, 대형견 시베리안허스키를 키우는 일이 목숨을 담보로 해야 하는 세계가 여기에 있다. 백 년 천 년 전이 아니라 우리가 땅을 딛고 사는 오늘의 이야기다.

파란색 눈동자를 가졌다는 아스만의 가슴에 박힌 네 발의 총알과 총성을 생각하다 마음속에서 찰랑거리던 수많은 여성의 이야기가 하나의 고리처럼 줄줄이 꿰어졌다. 미국 전역을 휩쓴 살인자 테드 번디를 공개 수배했을 때 경찰서는 쏟아지는 전화를 감당하기 어려웠다고 했다. 자신의 남자친구가 테드 번디 같다고 신고하는 여성이 너무나 많아서였다. 그때 자신의 남자친구가 테드 번디 같다고 신고한 여성들은 전부 어디에 있을까? 전부 살아 있을까?

바라크자이는 경찰에 신고조차 못 했다고 했다. "경찰이 아무런 대처도 하지 않을 걸 알기" 때문이라고. "이 나라에서는 매일 수십 명이 죽어 가지만 아무도 책임을 느끼지 않는다."라는 말도 덧붙였다. 두려움 속에서 수화기를 들었다가 내려놓았다가 마침내는 포기했을 여성들을 떠올린다. 온몸이 얼어맞은 것처럼 아프다가 차가운 가슴이 뜨거워졌다. 종이를 펼쳐 시의 제목을 적었다.

'여자는 시베리안허스키를 키울 수 없다'

한 줄 한 줄 문장을 적기 시작했다.

이사

혹시나 서운해하지는 않을까. 이사를 결정했을 때 가장 먼저 든 생각이었다. 그래도 아롱이의 털과 온기가 남은 마지막 장소인데……. 창문을 여니 빼곡하게 밀집된 빌라가 보였다. 공중에서 천천히 삭아 가는 십자가와 목욕탕의 네온사인. 먼 곳에서 시위하는 군중들의 고함이 아득하게 들려왔다. 오늘은 어떤 일로 모였을까? 사람들은 어떤 말을 외치고 싶을까? 귀를 기울여도 알아듣기 어려웠다. 나보다 몇 배나 뛰어난 청력을 가진 아롱이면 저 목소리를 또렷하게 들을 텐데.

밤이를 잠시 집에 두고 나왔다. 아롱이와 함께 섰던 곳을 혼자서 걸었다. 저곳은 아롱이가 온몸을 비비던 풀밭, 저 전봇대는 아롱이가 매번 코를 킁킁이던 장소. 전부 다 그대로구나. 볕에서 그늘로 들어간 순간처럼 아득한 비현실감이 들었다. 현실인데 현실이어서는 안 될 것 같았다. 모든 것이 그대로라는 게, 단 하나도 바뀌지 않았다는 게 너무나도 이상했다. 아롱이는 없는데 오늘은 어제가 되고 어제는 그제가 되고. 나는 무엇을 해야 할지 모르겠어.

모르는 채로 서점에 갔다. 한구석에 웅크려 책을 쓰다듬고 아무데나 주저앉아 책을 펼쳐 들었다. 사람들 틈을 돌아다녔다. 타인을 위로하는 방법도 어렵지만 나 자신을 위로하는 일도 정말 어렵구나. 너는 작은 몸으로 어떻게 그 어려운 일을 단숨에 해냈는지 모르겠다.

어떤 날이 떠올랐다. 내가 울먹이며 집으로 돌아왔을 때, 정말 이 세상엔 나 혼자뿐이구나, 생각했을 때 문 앞에서 온몸을 흔들며 내 품을 파고든 아롱이. 그 작은 온기에 피부 깊숙이 파고든 한기가 맑고 깨끗하게 녹는 것 같았다. 어쩜 그렇게 따뜻할 수 있는지, 놀라웠다.

운동장 한복판에서 사람들이 테니스를 친다. 탕. 탕. 경쾌하게 공이 날아간다. 허공에 잠시 멈춘 공이 땅으로 곤두박질친다. 아롱이는 그 순간을 응시하다 재빠르게 달려가곤 했지. 공이 떨어진 곳으로, 소리가 나는 곳으로.

아롱이가 깨물곤 하던 테니스공의 촉감이 손끝에서 만져지는 듯하다. 내가 공을 던지면 아롱이가 공을 물고 돌아오는 장면이 머릿속에서 끝없이 반복된다. 지금 저기에 떨어진 공을 주워 힘껏 던지면 금방이라도 달려올 것 같은데.

"그런데 개 한 마리는 어디 갔어요?"

이웃집 할머니가 묻는다. 우물쭈물하다가 제대로 대답하지 못하고 멋쩍게 웃어 보인다. 계속 걷는다. 육교를 지나고 경찰서를 지난다. 아롱이는 없지만, 전부 아롱이의 흔적이 묻힌 장소다. 같이 있지는 않지만, 같이 있다. 논리적으로 앞뒤가 맞지 않는다는 걸 알지만. 이토록 아롱이가 머릿속을 가득 채운다면 같이 있는 게 아니고 무엇이지? 다른 말로는 설명할 수가 없다. 명백한 사실에 의문을 제기한다. 같이 있지는 않지만, 같이 있다. 모두 진실이다.

반려동물을 떠나보낸 사람에게
해서는 안 되는 말

다른 강아지를 입양하는 건 어때?
이런 상황인데 미안하지만 너한테 부탁이 있어.
그만 털자.
그만 슬퍼해.
그만큼 했으면 됐어.
가슴에 묻어.
어쩔 수 없는 운명이라고 생각해.
내가 반려동물을 키워 본 적이 없어서 그러는데…… 어떤 기분이야?
평생을 비참하게 사는 동물도 있는데 그래도 ○○이 정도면 널 만나서 행복하게 살았지.
최근에 너희 집 강아지 죽었다며…….
앞으로 좋은 일만 생기려나 봐.

……아직까지 힘들어?

네 번째 아롱이 소묘
계측

 이제 익숙해질 만도 한데 좀처럼 익숙해지지 않았다. 계측의 사전적 정의는 시간이나 물건의 양을 헤아리거나 재는 일. 이것을 그림에 적용하면 백지에서 대상을 어떤 크기와 비례로 그릴 것인지 정하는 일이라고 간단하게 말할 수 있다. 여기서 가장 중요한 것은 제한이다. 비례와 크기를 정했다면 그것 밖으로 벗어나지 않아야 한다. 넘치거나 모자라지 않아야 한다. 그래야만 대상이 지나치게 확대되거나 축소되지 않은, 균등하고 안정적인 그림을 완성할 수 있다.

 그림을 그릴 때 가장 가늠하기 어려운 것이 바로 계측이었다. 대상을 정확하게 등분해 크기를 제한하는 일. 비율이 맞지 않아 돋보기로 확대한 것처럼 대상이 너무 크게 보이거나 반대로 좁게 보이는 경우가 잦았다. 그럴 때면 지금까지 그려 온 모든 것을 포기하고 다시 처음부터 시작해야 했다. 이번에는 비율을 크게 잡은 것이 문제였다.

 흐트러진 마음을 다잡고 이젤에 새 종이를 올렸다. 다시 한 번 가로와 세로의 비율을 계산해 백지에 직사각형 틀을 잡았다. 중간중간 선생님께 확인받는 것도 잊지 않았다.

이번 그림에서 가장 어려운 것은 입의 구조를 입체감 있게 구현하는 일이었다. 잇몸에 떨어진 빛과 그 위로 드러난 새하얀 이빨. 밝음과 어둠이 정확히 드러나면서 자연스럽게 그러데이션 되는 혀. 털 작업 못지않게 오랜 시간과 정성을 들였다.

계측이라는 단어를 나에게 적용해 본다. 난 무언가의 양을 헤아리고 측정하는 데 능한 사람이 아니다. 돈 계산이 느리고, 남이 조금 더 편할 수 있다면 내가 훼손되지 않는 선에서 손해와 불편함도 얼마든지 감수하는 편이다. 양쪽이 팽팽하게 균형점을 잡는 관계보다는 어느 한쪽으로 치우친 시소 같은 관계를 맺어 온 셈이다.

그림은 달랐다. 모든 곳이 골고루 조명을 받아야 했다. 어느 한쪽이 더 많은 비중을 가져가는 순간 그림은 중심을 잃고 무너져 내렸다. 수평을 유지하는 평행대처럼 일정해야 했다.

모든 것이 그 자체로 똑같이 조명받는 세계. 균등하게 배분되는 세계. 과연 그런 세계가 현실에 존재할 수 있을까? 일상의 작은 기억조차도 왜곡되어 어떤 기억은 유독 크게 남고, 어떤 기억은 애초에 존재하지 않은 것처럼 무의식 너머로 사라지는데 말이다.

이번에는 계측을 아롱이와의 추억에 적용해 본다. 비율이 잘 들어맞지 않는다. 덜그럭거린다. 어떤 장면은 지나치게 커서 규격에 맞춰 재단한 백지로는 다 담을 수 없을 것 같다.

백지를 등분하는 선을 본다. 무언가를 담기 위해 비워 놓은 서랍 같다. 내가 가진 순간의 크기를 다 담을 수는 없지만, 할 수 있는 만큼 이 안에 담아 보자고 말하는 것 같다. 직사각형 틀 안에 들어온 기억만큼은 어떤 것보다도 섬세하게 천천히 들여다보자고, 그 대상에 떨어지는 공기와 바람, 그날의 날씨와 몸짓까지도 놓치지 말자고, 말하는 것만 같다.

　조각된 기억의 픽셀을 집어 든다. 별 모양처럼 뾰족하다. 눈물 자국이 묻은 것도 있다. 그 표면을 다듬지 않고 모난 곳은 모난 대로 빛나는 곳은 빛나는 대로 백지에 옮겨 본다.

너는 작곡을 해. 나는 작사를 할게!
누텔라와 아롱거리는 밤

"너는 작곡을 해. 나는 작사를 할게!"

누가 먼저 《아롱거리는 밤》을 만들어 보자고 제안했는지는 잘 기억나지 않는다. 다만 누텔라와 내가 나란히 피아노 앞에 앉아 음을 맞춰 보며 서툴게 노래 부르기 시작했다는 것만 기억이 난다.

누텔라와 만난 때가 생각난다. 첫 시집 낭독회였고, 그 전까지 우리는 안면이 없는 사이였다. 낭독회가 끝나고 와 주신 분들과 한 분 한 분 인사를 나누는데, 수학자 뒤에서 유독 수줍게 숨은 그녀가 눈에 띄었다. 몇 마디 인사를 나눠 본 게 전부였지만, 고요함 속에서도 자신의 모습 그대로 빛나던 누텔라가 마음에 오래 남았다.

우리가 가까워진 것은 내가 누텔라 집 주변으로 이사하면서부터였다. 아롱이를 떠나보낸 뒤 나날이 깊은 상실감에 빠져 있었고, 시간이 지날수록 상태가 나빠졌다. 그 어두운 시기에 누텔라는 내 삶에 들어와 먼저 손을 내밀어 주었다. 우리 집에 찾아와 밤새 수다를 떨어 주거나 곁을 지켜 주는 식으로.

"녹음을 다 마쳤어!"

전주에 있는 스튜디오를 잡아 녹음을 마친 누텔라가 음원 파일을 보내 준 날이 기억난다. 집으로 돌아가는 버스 안이었고, 겨울 저녁이 주는 무게에 짓눌려 울적한 기분으로 돌아가는 길이었다. 몇 번이고 반복해서 들은 터라 제법 담담한 마음으로 파일을 열었는데……. 청아하고 깨끗한 누텔라의 목소리가 너무나 따뜻해서 눈물이 났다. 나를 진심으로 걱정해 주는 사람들이 있구나, 느낄 수 있었다.

예전처럼 자주는 아니지만, 아롱이가 보고 싶은 날이면 그동안 간직한 영상과 함께 노래를 듣는다. 그렇게 듣다가 마침내 노래를 따라 부르면 화면에는 혀를 빼물고 나를 바라보는 아롱이가 보이고 귓가에는 누텔라의 목소리가 들려왔다.

아롱이를 떠나보내고 내가 낼 수 있는 소리는 울음뿐이라고 여긴 적이 있었다. 그 외에 다른 소리를 내서는 안 된다고 생각했다. 그 생각이 나를 동굴 속에 가뒀다. 그런데 나를 피아노 앞으로 이끌어 곡을 연주해 주고 자신의 아름다운 목소리를 들려준 친구가 있었다. 함께 노래하자고 말해 주는 친구가 있었다. 그 다정함이 나에겐 무언가를 다시 시작할 수 있는 비옥한 토양이 되어 주었다.

오늘도 건반을 두드리며 연주하고 있을 누텔라의 손이 떠오른다. 누텔라의 손은 작은 것 같은데 언제나 자신보다 크고 놀라운 것들을 만들어 낸다. "이거 너무 좋다!" 나는 누텔라가 만들어 낸 것 앞에서 언제나 감탄한다. 공부하고 배우는 걸 누구보다 좋아하는 누텔라. 타인을 누구보다 사랑하고 진짜 위로를 건넬 줄 아는 누텔라.

누텔라의 목소리에 내 목소리를 겹쳐 본다. 완벽한 화음은 아니지만 우리가 서로에게 기대어 만들어 내는 소리가 참 좋다.

이 책이 어떤 책이 되면 좋겠어?

책이 절반쯤 진행됐을 때 고민에 빠졌다. 분명 시작은 아롱이인데, 아롱이만 쓰려고 했는데, 인형 안에서 인형이 계속 튀어나오는 마트료시카처럼 쓰면 쓸수록 다른 존재들이 불쑥불쑥 튀어나왔다. 동물원에서 생을 마감한 박람이나 오늘도 수족관을 돌고 있을 벨라, 골목길의 고양이에게 자꾸만 눈길이 갔다. 아롱이에 대해 쓰는 것도 좋지만, 책에 이들을 위한 자리가 있었으면 싶었다. 그럴 때마다 뿌리처럼 엉켜 몸을 붙잡는 질문이 있었다. 내가 그럴 자격이 있나? 말할 자격이 있나?

처음으로 되돌아가 다시 점검해야 했다. 노트를 펼쳐 목차를 짜고, 퍼즐 조각을 맞추듯이 내가 하고 싶은 말은 무엇일까, 이 책이 전하고 싶은 말은 무엇일까, 곰곰이 생각해 봤다. 그 말은 다른 무엇도 아니고, 이거였다. 사랑은 흐른다. 자꾸만 새어 나간다. 존재를 옮겨 간다.

시작은 아롱이가 맞았다. 나는 아롱이라는 구체적이고 개별적인 존재를 사랑했다. 그런데 아롱이와 관계를 맺고 나니 다른 것들이 보이기 시작했다. 아무리 둘러봐도 먹을 거라고는 사람들이 길가에 내놓은 음식물 쓰레기뿐인데, 이 추운 날에 고양이는 어디서 밥을 구할까? 저런 것을 먹으면 몸이 망가지지 않을까? 왜 비둘기는 유해동물일까? 왜 살아 숨 쉬는 생명체에게 '반입'이란 말을 쓰지? 몸을 따뜻하게 해 주는 이 옷은 무엇으로 이루어졌지? 아롱이가 어떤 것에 의해 고통받지 않길 바라듯이 다른 동물들도 어떤 것에 의해 고통받지 않았으면 좋겠다. 생각이 자꾸만 이동했다. 여기로 저기로 마구마구 흘러 다녔다.

책을 내는 것이 무슨 의미일까? 걱정과 회의감이 앞설 때 친구에게 물었다. 너는 이 책이 어떤 책이면 좋겠냐고. 고민하던 친구는 이런 말을 해 주었다.

슬픔에만 빠져 있던 다연이 네가 이 책을 통해 앞으로 나아가는 것이 느껴졌다고. 그 마음의 운동성을 깊이 끌어안고 먼 훗날 또다시 누군가를 상실했을 때 이 책이 너를 덜 외롭게 해 줬으면 좋겠다고. 네가 여전히 또 영원히 아롱이 곁을 지키듯 너 자신도 혼자라고 생각하지 않았으면 좋겠다고.

소소 시인의 말도 큰 힘이 되었다. 혼자서라도 아롱이 이야기를 출판하겠다고 결심한 만큼 이 책은 다른 누구보다도 너에게 귀중한 책이 될 거라고. 네가 하고 싶은 이야기를 마음껏 펼쳐 놓아도 된다고. 괜찮다고. 니와 비슷한 일을 겪은 이들에게 이 책이 자그마한 위로가 될 수도 있을 거라고 말해 준 친구도 있었다.

미약하지만 앞으로 나아가려는 마음의 움직임을 누구보다 예민하게 포착하고 지지해 주는 친구들 말에 무척이나 힘이 났다. 친구들은 알까. 내가 이 책을 내고 싶다고 했을 때, 불가능한 꿈이라고 말하는 대신 할 수 있다고 열심히 외쳐 준 덕분에 여기까지 올 수 있었다는 걸. 내 마음이 흘러가는 대로 갈 수 있도록 용기를 준 친구들에게 감사했다. 나는 다시 한번 이 책이 흐르는 대로, 사랑이 흘러가는 대로 가 보기로 했다.

쓸데없는 관심

우연히 그 조각상을 봤다. 멕시코 계곡과 중미 지역에서 발견된 구상미술 중 가장 초기작에 속하는, 2500~3000년 전에 만들어진 조각상 《무릎을 꿇고 개에게 입 맞추는 여인》.

품에 뛰어든 개를 소중히 끌어안고 입 맞추는 이 조각상을 하염없이 바라보노라면 시공간을 넘어서 개와 여인 사이에 흐르는 다정함을 엿볼 수 있다. 문득 궁금해졌다. 저 조각상의 모델이 된 개와 여인은 누구일까. 둘은 어떤 유대를 쌓아 왔기에 저런 포즈로 영원히 남았을까?

사진 한 장이 떠올랐다. 지질학자 플로렌스 바스콤의 사진. 그녀는 여성이 공부하는 데 제약이 많던 시절 미술과 문학, 지질학에서 학사 학위를 받았으며, 암석을 연구하기 위해 말을 타고 온갖 산맥과 언덕을 누볐다.

멋지고 단단한 그녀의 이력보다도 내 마음을 끈 것은 개와 함께 찍은 사진. 플로렌스 바스콤의 무릎에 한 마리 개가 기대 있고, 그녀의 손은 개의 앞발과 가슴 쪽에 올려져 있다. 시선은 앞을 향하고 무릎까지 오는 군화는 금방이라도 개와 함께 광활한 대지를 누빌 준비가 된 것 같다. 혹시나 다른 이야기를 발견할 수 있을까 싶어 계속 찾아보았지만 어디서도 개에 대한 언급은 없다.

그녀는 먼 길을 나설 때도 개와 함께 했을까? 펜실베이니아와 메릴랜드, 뉴저지 산맥의 한 줄기에서 임시로 텐트를 치고 연구에 매진하는 동안에도 강아지와 산책하며 숲속을 거닐었을까. 탁탁탁탁. 대지를 딛고 나아가는 개의 경쾌한 발소리를 들으며 산뜻하고 맑은 정신으로 연구의 실마리를 찾지는 않았을까. 달하나로는 다 밝혀지지 않는 쓸쓸한 밤을 그 개가 지켜 주지는 않았을까. 내가 백지 앞에서 고민하고 씨름할 때 발밑을 맴돌며 끝까지 곁을 지켜 준 아롱이처럼 말이다.

개와 인간의 삶이 다르고, 그 각각의 존재들이 맺은 관계와 빛깔이 전부 다르겠지만, 어쩌면 공통된 큰 줄기가 있을지도 모른다는 생각이 든다. 싫든 좋든 개와 인간은 오래도록 함께 해 왔고, 인생의 한 부분을 나누는 우정 어린 동반자라는 것이다.

그것이 아니라면 개에게 무릎을 꿇고 입 맞추는 동상이 발견될 리 있을까? 그 찰나의 순간을 목격한 누군가가 그 둘을 주제 삼아 조각상으로 만들 생각을 할 리 있을까?

언젠가부터 예술가의 작품을 볼 때 그 사람이 어떻게 동물을 그리는지, 그린다면 어떤 시선과 방식으로 그리는지 유심히 살펴본다. 캔버스와 사진, 조각상을 넘어 그들 사이의 끈끈한 유대감이 느껴질 때 개와 함께 하는 그들의 삶을 자꾸 상상한다. 쓸모없지만 다정한 관심거리가 점점 늘어 간다.

꽃다발

 탈탈탈 돌아가는 세탁기 소리를 듣다가, 마실 물을 끓이며 창문을 활짝 열어 환기하다가 기지개를 켜듯 읊조리는 말이 있다. 오늘은 꼭 꽃을 사야지. 아롱이를 떠나보내고 지금 사는 집으로 이사한 이후 꽃다발을 사는 날이 부쩍 늘었다. 누군가를 축하하기 위해서가 아니라 오롯이 꽃을 바라보기 위해서. 아무런 이유나 목적 없이.

 한 송이 꽃과 만나는 일은 언제나 신비롭다. 늘 예상과 계획을 벗어난다는 점에서 말이다. 오늘만 해도 그렇다. 유리문을 열고 꽃 가게에 들어설 때만 해도 튤립을 사겠노라 했지만, 어느새 내 품에는 상아색 리시안셔스와 붉은 소국, 유칼립투스가 한 아름 안겨 있었다. 우리의 일상도 그렇지 않은가. 튤립이라고 생각했는데 한 손은 벌써 리시안셔스를 향해 뻗어 있는 것. 생각지도 못한 소국과 유칼립투스에 차례로 마음이 기우는 것 말이다.

 줄기를 중심에 두고 사방으로 웃자란 잎을 다듬는 사장님의 능숙한 손길을 보다가 잘려 나간 잎사귀가 너무 아까워서 조심스레 물었다.

 "사장님 잎사귀를 꼭 잘라야 해요?"

"꼭 잘라야 하는 건 아니지만 이렇게 해야 꽃을 오래 볼 수 있어요. 이 잎들이 물에 잠기면 줄기에 곰팡이가 피고 부패하거든요."

고개를 끄덕이는데 사장님이 덧붙여 말했다.

"하루에 두 번 정도 차가운 물로 바꿔 주면 더 좋아요."

화병에 꽃다발을 꽂고 찬물을 가득 담았다. 흰 책상에 올려 두니 큼지막한 각설탕 위에 조그만 정원이 생긴 기분. 싱싱하게 퍼지는 줄기 냄새를 맡으며 엊저녁 읽은 책과 티백, 머그잔을 정리하니 꽃다발이 훨씬 도드라져 보였다. 그때 깨달았다. 오늘 내가 꽃다발을 산 까닭은 어떤 거창한 이유가 아니라 봉우리에서 갈라지는 꽃잎의 모양, 꽃받침을 타고 내려오는 줄기의 형태를 가만히 바라보기 위해서라는 것. 나의 슬픔이나 기쁨을 장식하기 위해 꽃다발을 산 게 아니라는 것.

찻잎이 뜨거운 물에 우러나는 것처럼 시간이 느리고 진하게 흐른다. 오늘은 무엇을 해야만 하는지, 어떻게 움직이면 하루를 좀 더 의미 있고 치열하게 쓸 수 있는지, 생각하지 않기로 한다. 겨울철에 길게 내쉰 따뜻한 숨처럼, 어떤 의미도로 채워지지 않는 여백의 시간을 오롯이 느낀다. 한 송이 꽃을 정성껏 고르고, 하루 두 번 화병을 비운 뒤 다시 물을 채우는 시간이야말로 나라는 잎사귀를 싱그럽게 살리는 일임을 잊지 않는다.

밤색 액자에 담은 아롱이 소묘를 본다. 아슬아슬하게 매달렸던 꽃잎 하나가 책상에 떨어진다. 소란스러운 기척 없이 책상은 작은 꽃밭이 된다.

4부

사랑의 얼굴

2020.12.10 鄭多娟

다섯 번째 아롱이 소묘

 신경 써서 물을 갈아 주었지만 꽃이 시들었다. 자연스러운 일이다. 살아 있는 존재 안에 이미 죽음이 깃들어 있듯이, 만남 뒤에는 필연적으로 헤어짐이 동반되듯이 우리는 만나고 헤어지고 살아가고 마침내 죽는다. 하지만 머리로 안다고 해서 아프지 않은 것은 아니다. 덜 아픈 것은 더더욱 아니다. 물에 불어 썩은 줄기의 한 부분을 가위로 잘라 내다 한 사람이 생각났다. 오랫동안 내 곁에 머물렀다 떠난 사람.

 그 사람을 생각하면 빛을 가득 머금은 구름이 떠오른다. 그런 날이 있다. 날씨가 흐려야 할 것만 같은데, 이마 위에 빗방울이 똑똑 떨어져도 이상할 것이 없는데 무척이나 화창한 날. 구름과 빛과 비. 모든 것이 공존하면서도 맑고 깨끗한 날씨. 나에게 그는 그런 사람이다.

 이별을 사전에서 검색해 본다. 서로 갈리어 떨어짐. 딱딱하고 무뚝뚝한 인상을 준다. 돌아서기로 결심한 사람의 구둣발 소리처럼 되돌릴 수 없을 것만 같다. 그런데 왜일까? 기억은 자꾸 하나의 장면으로 나를 이끈다. 흔들리는 버스에서 자리에 앉은 날 바라보던 그의 눈. 금방이라도 나를 향해 쏟아질 것 같아서,

그 쏟아짐이 몸을 가득 채울 것 같아서 어찌할 바를 몰랐다. 당신은 어떻게 그런 눈빛으로 나를 볼 수 있는 거지? 티끌의 의심과 두려움 없이 완벽한 호의와 사랑으로 바라볼 수 있는 거지? 내가 어떤 사람인 줄 알고. 당신의 호의와 사랑을 이용하는 나쁜 사람이면 어쩌려고.

하나의 이야기가 떠오른다. 더스트시드. 먼지만큼 작은 씨앗. 한 연구자가 식물의 씨앗 중 가장 작은 난초의 씨앗을 15년간 관찰하는 중이었다. 생육 조건이 더할 나위 없이 뛰어난데도 어쩐지 난초는 싹을 틔우지 않았는데, 어느 날 갑자기 씨앗이 움트기 시작했다. 비밀은 바로 곰팡이. 너무나도 작아 제힘으로는 발아할 수 없는 씨앗에 곰팡이가 뚫고 들어가 양분을 공급해 준 것. 덕분에 난초는 15년 만에 싹을 틔울 수 있었다.

나에게 그가 그랬다. 아무런 미화도 덧붙이지 않고 나는 그를 통해 세상 밖으로 나왔다. 인공적이고 폭력적인 방식으로 끄집어내진 것이 아니라 마침내 양분을 공급받아 스스로 움튼 씨앗처럼, 어느 날 나 자신을 열고 세상 바깥으로 걸어 나왔다. 볕을 쬐고 바람을 느끼고 손을 잡고 그와 함께 걸었다.

아롱이를 떠나보내고 속을 터놓은 사람도 그였다. 이미 헤어진 뒤였지만, 처음 아롱이가 우리 집에 온 순간부터 함께 걷고 뛰는 순간까지 지켜본 사람은 그가 유일했다. 나는 아롱이가 죽었다는 소식을 그에게 전했고, 수화기 너머로 우리는 오래 이야기를 주고받았다.

가끔 시집을 읽은 사람들이 묻는 말이 있다. 정다연 시인은 사람을 믿을 것 같아요. 그 믿음은 어디서 오는 건가요? 그 질문을 받았을 때 스치는 존재가 사람만 있는 것은 아니지만, 사람도 단 한 사람만 떠오르는 것은 아니지만, 저마다의 얼굴과 뒷모습을 거슬러 올라가면 그 끝에는 그의 눈동자가 있다. 버스에서 모든 것이 흔들리는 와중에도 흔들림 없던 그의 단단한 눈동자.

    일순간 인사를 나누고 헤어진다는 뜻의 작별이라는 단어가 머릿속을 스친다. 여기서 중요한 것은 마주 대하거나 헤어질 때 예를 표한다는 인사. 떠나보낸 존재에 대해 취할 수 있는 태도는 저마다 다르겠지만, 나는 어쩐지 불똥처럼 튀어 오른 그 기억들과 최선을 다해 다시금 인사를 나누고 싶다. 때로는 처음인 것처럼 때로는 마지막인 것처럼. 아롱이와 그에 대한 기억이라면 더더욱.

    이따금 더는 만나기 어려운, 그러나 여전히 사랑하는 사람들을 떠올린다. 지금으로서는 우리 사이에 놓인 침묵을 깨지 않는 것이, 어둠에 가만히 두는 것이 예의가 된 사람들. 그 사실을 모르는 것도 아닌데, 가끔 그들의 안부가 궁금하다. 언젠가는 기억 속에서 당신들의 이목구비와 목소리를 꺼내 보는 일이 아득해지는 날이 올 수도 있겠지만, 아직까지 나에게는 또렷하기만 하다. 시든 꽃을 잘 정돈해 봉투에 담아 버린다. 물을 따라 버리고 화병을 햇볕에 소독한다. 날씨가 맑다. 꽃이 사라진 자리를 바라보기 좋은 날이다.

여섯 번째 아롱이 소묘

 겨울의 딸기는 어째서 이리 맛날까? 여름이 오면 큼지막한 수박을 썰어 먹듯이 겨울이 오면 딸기를 먹는다. 체에 올려 둔 딸기가 뭉크러지지 않도록 조심조심 씻는다. 오늘은 여섯 번째 아롱이 소묘를 마무리하는 날. 모든 털 표현을 마치고 남은 일은 아롱이의 머리, 눈썹, 눈가에 잠잠히 내려앉은 눈송이를 그리는 것. 딸기를 먹는 내내 머릿속으로 눈송이만 생각하느라 손이 붉게 물드는 줄도 몰랐다. 그런데 눈송이를 그리라니! 먼지를 그리라는 것과 같은 말이 아닌가! 물론 티끌보다는 눈송이가 훨씬 더 크겠지만, 지금 나에게 눈송이는 눈에 보이지 않는 먼지와 다름이 없다. 마지막까지 힘을 내야 해! 온몸에 기합을 잔뜩 불어넣고 집을 나섰다.

 오늘도 선생님의 시범으로 수업이 시작됐다.

 "너무 균일하게 표현하지 않는 게 중요해요. 어떤 것은 끝을 살짝 뾰족하게, 어떤 것은 길게, 어떤 것은 둥글게 표현해 줘야 해요."

 선생님의 설명을 들은 뒤 자세히 살펴보니 정말 눈의 모양이 제각각이었다. 잠깐 돌이켜 보니 이렇게 어리석은 말이 있을까 싶다. 보리수나무의 열매가 매번 다른 방향으로 흔들리듯이, 줄을 짚는 첼리스트의 손이 미묘한 각도로 매번 어긋나듯이 세계를 이루는 모든 것은 저마다 다르다. 그 다름은 차이를 만들어 내고, 차이는 세계를 어제보다 다채롭고 풍족하게 만든다. 흰 도화지 앞에서 눈송이를 그리는 지금 어느 때보다도 그 사실을 실감한다.

커터칼로 지우개의 단면을 잘랐다. 눈송이의 크기와 위치를 꼼꼼하게 확인한 다음 손을 동그랗게 굴리며 원을 만들었다. 조금씩 지우개 끝이 마모되는 게 느껴졌다. 다시 단면을 바꿔야 할 차례. 사용하지 않은 날렵한 면으로 털 표현을 하듯 눈송이의 한쪽 끝을 길게 처리했다. 입자 모양을 정확하게 표현하려면 한 땀 한 땀 신중해질 수밖에 없다.

더듬더듬 망설이는 시간이 길어졌다. 그때 선생님이 무심코 던진 말씀이 큰 힘이 되었다.

"똑같이 그리는 데 너무 신경 쓰지 않아도 돼요. 느낌대로 자유롭게 표현해도 돼요. 완벽하게 똑같이 그리는 게 중요한 것이 아니라 그림에서만 가능한 방식으로 대상을 새롭게 구현하는 게 더 중요하니까요."

그렇지. 그림에서 중요한 것은 사실을 그대로 복사하는 데만 있지 않지. 그림을 그리는 사람의 자율성과 왜곡, 투시를 통해 대상을 재창조하는 일 역시 그에 못지않게 중요하지. 시도 마찬가지다. 대상을 관찰하는 것도 분명 필요하지만, 그 관찰을 통해 발견한 새로운 지점을 언어로 활짝 열어젖히는 일이 다른 무엇보다 중요하다. 시인이 의도적으로 무언가를 생략하거나 반복하고 수사적 기법을 활용해 다양한 언어 실험을 하는 이유다. 자신이 발견한 사물을 재창조하고 언어를 발명하기 위해.

눈 결정체를 그리고 나서는 의자를 뒤로 당겨 거리를 두고 살펴보는 일도 게을리하지 않았다. 가까이서만 보면 눈의 개수나 생김새에 집착할 수 있기 때문이다. 건강한 거리 두기 시간이 필요한 셈이다. 전체적으로 눈이 균등하게 퍼져 있는지, 전체적인 모양이 조화를 이루는지, 각각의 거리가 적당한지 꼼꼼하게 살폈다. 다 그리고 나니 제법 그럴듯한 눈송이가 완성되어 뿌듯했다.

"선생님, 저 다 그렸어요."

손을 들어 선생님을 불렀다. 다 끝낸 것 같지만 끝날 때까지 끝난 게 아니기 때문에 손에서 지우개와 연필을 놓지 않았다.

선생님이 그림을 찬찬히 살펴보기 시작했다. 잠깐의 침묵.

"이제 밑에다 서명하시죠."

짧은 한마디. 드디어 또 하나를 해냈다! 차분한 척했지만 기쁨을 감출 수 없었다. 그날 집으로 돌아가며 이런 생각을 했다.

'아롱아, 오늘은 눈송이를 그렸어. 네 눈썹에 걸려 있는 눈송이를.'

노트를 펼쳐 일기를 쓰고 한 달 동안 온 정성을 기울여 그린 그림을 생각하다가 어느 겨울 아롱이가 찾아 준 눈사람을 떠올렸다. 산책로 수풀 사이, 몸을 낮추거나 애써 찾지 않으면 지나치기 십상인 자리에 누군가 정성껏 만들어 놓고 간 작은 눈사람. 아롱이의 시선을 따라 걷다가 우연히 발견한 귀중한 장면들. 나의 눈높이로만 세상을 봤다면 영영 발견하지 못했을 테지.

이제 나의 시선은 혼자서도 나보다 더 낮은 곳을 향할 줄 안다. 그래서인지 요즘은 눈에 담는 아름다운 장면이 부쩍 늘었다. 그림자에 포개진 꽃잎이나 놀이터 모래밭에 아이들이 모아 두고 간 돌멩이와 붉고 푸른 잎사귀, 노란 장갑. 아롱이와 함께 한 시간이 내게 가져다준 것들이다.

빛의 소용돌이[1]
우리는 좀 더 어두워져야 한다

"여기 너무 어둡다. 가로등이 필요하겠는데?"

반달곰이 발톱을 꾹 눌러 달을 새겨 놓은 듯한 밤, 함께 산책에 나선 친구가 걱정스럽게 말했다. 스치듯 들은 그 말이 마음에 걸린 것은 최근에 읽은 책 때문이었을 것이다.

아네테 크롭베네슈의 《우리의 밤은 너무 밝다》는 도시의 빛이 생태계에 미치는 영향을 치밀하게 분석하고 있다. 책장을 넘길 때마다 놀라운 이야기가 가득했지만, 다른 무엇보다 내 눈길을 끈 것은 가로등이었다. 우리 주변에서 가장 흔히 볼 수 있는 이 친숙한 구조물이 대체 어떤 공해를 일으킨다는 걸까? 궁금증과 의구심이 동시에 일었다.

책에 따르면 곤충이 밤에 이동할 때는 달빛에 의지해 그 방향을 정한다. 문제는 여기에 있다. 곤충의 관점에서 보자면 가로등은 곧 달과 다름없기에 그를 중심으로 주위를 맴도는 원형 비행 운동을 하게 된다. 주변에서 흔히 볼 수 있는 풍경이다. 그런데 수치를 들여다보면 이 풍경이 무섭게 뒤바뀐다. 한 조사에 따르면 2001년 여름 석 달 동안 독일 내 가로등 680만 대가 곤충

918억 마리를 죽였다고 한다.

　새들에게도 도시의 빛이 위험하기는 마찬가지다. 새들이 도시를 비행할 때는 시각에 의존해 가장 밝은 지점을 향해 날아가는데, 도시를 가득 밝히는 빛 무더기 사이에서 새들은 방향을 잃고 고층 빌딩을 향해 날아간다. 빛에 의해 수많은 새가 목숨을 잃는 것이다.

　책을 통해 이러한 사실을 접하고 나자 도시라는 공간이 얼마나 철저하게 인간의 편의에 따라 설계되었는지 다시금 느껴졌다. 나 역시 도시의 구성원으로서 그러한 혜택을 누리고 일조했음을 깊이 깨달았다. 어떻게 하면 좋을까? 내가 무슨 일을 하면 좋을까? 이 와중에도 수많은 가로등과 빛을 지나 걸어왔는데 말이다.

　복잡한 심경으로 공원에 들어서는 순간, 뭔가 달라졌음을 직감했다. 연말에 가까워지면서 하나둘 못 보던 기계가 점점 늘어가는 건 진작에 알았다. 다만 그 용도가 무엇인지는 몰랐다.

　땅에 뿌리박힌 기계 열두 대가 공중을 향해 빔을 쏘아 올렸다. 위를 올려다보니 붉고 파란 작은 불빛이 휘황찬란하게 점멸하고 있었다. 이어서 순록, 토끼, 달, 유니콘 모양을 본뜬 조명 구조물이 줄줄이 나무 주위를 에워싸고 있었다. 그 앞에시는 사람들이 미소를 띤 채 사진을 찍고 있었다. 그 전이었다면 이 평범한 장면이 커다란 잔상을 남기지 않았을 테지만…….

　산책을 마치고 공원을 빠져나오면서 이런 생각이 들었다. 우리의 도시는 덜 아름다워도 괜찮다고. 색색의 알전구와 빔, 조명 구조물을 설치한 이유가 지역 주민들에게 이벤트나 미적 환경을 제공해 주기 위해서라면 다른 존재들을 위해 그런 아름다움은 접어 둬도 괜찮다고. 아주 잠깐의 기쁨과 감탄을 위해 헤아릴 수도 없이 많은 생명이 죽어야 한다면 그런 아름다움은 추구

하지 않아도 된다고. 어쩌면 우리에게는 새로운 아름다움과 다른 존재의 입장을 세심하게 살펴보는 상상력이 절실하게 필요한지도 모르겠다. 그 새로운 아름다움과 상상력은 인간에게 초점을 맞춘 것이 아니라 가로등을 맴돌며 빛에 타 죽어 가는 곤충과 오늘도 빌딩숲 사이 어딘가를 헤매는 새를 향한 것이 되어야 하지 않을까. 나는 한 철이 지나면 치워질 조명과 플라스틱 조형물, 기계에 둘러싸여 살고 싶지 않다. 달빛에 의지해 자유롭게 비행하는 곤충의 웅성거림과 멀리서 들려오는 새들의 날갯짓 소리와 함께 숨을 쉬며 걷고 싶다. 그러기 위해 조금 더 어두워져야 한다면 기꺼이 불을 끄겠다. 우리는 좀 더 어두워져야 한다.

---

1) 아네테 크롭베네슈의
《우리의 밤은 너무 밝다》에서
한 구절을 인용해 제목으로 삼았다.

계절마다 우편을 보내 드립니다

　계절마다 귤, 두릅, 감자, 참외, 제철 음식을 꺼내 먹듯 그림과 에세이를 보내 주면 어떨까? 밤이와 산책하는 중에 번뜩 그런 생각이 들었다. 민첩한 고양잇과 동물처럼 행동 반경을 넓히며 생각이 재빠르게 움직이기 시작했다. 코로나 시기를 관통하며 어느 때보다도 개인이 느끼는 고립감이 짙어지는 시기에 추상적인 매체보다는 손에 닿는 구체적인 물성으로 독자분의 삶에 가 닿고 싶었다. 한 치의 오차 없이 정갈하게 입력된 파일을 보내기보다는 손으로 삐뚤빼뚤 정성껏 써 내려간 손글씨를 보내 드리고 싶었다.
　봉투를 뜯고 종이를 펼쳤을 때 가장 먼저 눈에 보이는 것이 확연히 다른 누군가의 글씨체라면, 색색으로 물든 그림이라면, 같은 세계 어딘가에 당신을 향해 편지를 쓰고 그림을 그리는 손이 있다는 게 실질적인 감각으로 다가오지 않을까. 내가 양손에 물감과 오일파스텔을 묻혀 가며 그림을 그리고 난 뒤 그것을 바라볼 때 마음 한구석이 환하게 밝아지듯, 우편을 받아 보는 독자분도 그렇게 느끼지 않을까 감히 생각한 것 같다.
　과연 끈기를 가지고 오랫동안 지속할 수 있을까? 묵직한 질문과 책임감이 들지 않은 것은 아니다. 하지만 아롱이에게 용기를 실천할 수 있는 행동력을 배우지 않았는가. 일상에서 솟은 용기를 잘 가꾸면 하나의 그림이 완성된다는 사실을 온몸으로 배우고 있는 터여서 무거운 질문들은 오히려 내 안에 잘 가라앉아 흔들리지 않는 중심추가 되어 주었다.

어떤 방식으로 진행할 건지 차근차근 짚어 보기 시작했다. 먼저 가장 확고하게 정한 원칙은 인쇄나 복사를 하지 않고, 한 장 한 장 직접 그림을 그려 보내 주는 것이었다. 비록 품이 많이 들고 미숙할지라도 말이다. 내 손길이 구석구석 닿은 작업물을 보내기로 정하고 나니 한 달 간격으로 돌아가는 기존의 메일링 서비스는 적합하지 않다는 생각이 들었다. 그래서 우편 서비스 주기를 한 계절로 정하고, '계절우편'이라는 이름을 붙였다.

이번에는 어떤 이야기를 전달할 것인지 고민해야 했다. 창작물이나 인터뷰, 누군가와의 협업물 등 멋진 기획을 공유하고 나누는 것도 좋지만, 계절우편에서만큼은 나를 둘러싼 일상을 이야기해 보고 싶었다. 가령 한 계절 동안 내가 가장 사랑한 것은 무엇인지, 요즘은 어떤 생각을 하며 밤이와 걷는지, 내 일상을 이루는 결들은 무엇인지, 찬찬히 들여다보며 또박또박 이야기하고 싶었다. 코로나 시기를 지나는 요즘 내가 더 귀 기울여 듣고 싶은 타인의 이야기는 그런 것들이었다. 한 사람의 단단한 일상과 안부 같은 것들 말이다.

처음 계절우편을 시작한 겨울에는 보랏빛 밤을 배경으로 한 눈 덮인 설산을, 봄에는 바다와 모래사장의 풍경을, 여름에는 무성한 나무를, 마지막 가을호에는 분홍빛을 잔뜩 머금은 낙조를 두 편의 에세이와 함께 성공리에 발송했다.

매 계절 꾸준히 에세이를 쓰고, 일상에서 글감을 길어 오고, 한 장 한 장 그림을 그리는 일이 힘들지 않았다면 거짓말이다.

얼마나 많은 우여곡절이 있었는지. 한번은 완성된 그림을 창틀에 말리다 소나기에 젖어 전부 버린 일도 있었다. 이뿐인가. 때마다 새로운 질감의 재료를 찾기 위해 화방을 돌기도 하고, 주소지가 바뀌는 구독자분을 찾아 연락을 취하고, 마음에 드는 시안을 찾기 위해 각종 자료를 뒤적이기도 했다. 하나의 일에도 이토록 많은 정성이 필요하구나, 다시금 깨달았다.

폭발적이거나 뜨거운 반응은 아니지만, 우편이 발송될 때마다 정성 어린 답장을 주신 분들이 있었다. 우편은 늦어도 되니 나의 건강과 일상을 잘 챙기라고 말해 준 분 덕분에 포기하지 않고 꾸준히 그림을 그리고 글을 쓸 수 있었다. 1년 동안 진행한 계절우편은 2021년 가을호 이후 잠정적으로 막을 내렸지만, 머지않아 독자분들과 가까운 곳에서 또 먼 곳에서 다시 만날 날을 꿈꾼다. 봄을 만나기 위해 휴지기의 땅이 아주 잠시 숨을 고르듯 말이다.

일곱 번째 아롱이 소묘
아롱이를 부르면 아롱이가 온다

영상이 재생된다. 화면에서 나는 블루베리 묘목을 심는 중이다. 묘목을 심을 자리에 질 좋은 흙을 뿌리고, 물이 새어 나가지 않도록 흙으로 둑을 만든다. 호스 끝에서 시원하게 쏟아지는 물줄기. 선선한 바람. 한낮의 햇빛. 자리에서 일어난 내가 흙이 잔뜩 묻은 목장갑을 탁탁 턴다. 그리고 크게 외친다.

"아롱아!"

한 번, 두 번, 세 번. 곧 나무와 수풀 사이에서 하나의 형상이 튀어나온다. 빠르게 달려온다. 날렵하고 재빠르다. 어느새 내 무릎에 앞발을 딛고 신나게 꼬리를 흔들며 혀를 빼문 아롱이가 보인다. 입꼬리가 양쪽 끝으로 한껏 올라갔다. 아롱이가 웃는다. 웃는다는 단어를 다른 존재한테 사용할 때는 조심해야 하는 걸 안다. 다른 존재가 짓는 몸짓과 신호를 멋대로 해석하고 판단하는 건 실례니까. 인간을 중심에 두고 뻗어 간 생각은 틀리기 마련이니까.

그런데 영상의 아롱이를 보고 있으면 저 모습을 웃는다는 표현 말고 무엇이라 말할 수 있을까, 생각하게 된다. 섣부른 단어로 침범하고 싶지 않지만 너는 이렇듯 환하게 웃는구나, 속으로 되뇌게 된다.

　나에게 달려오는 아롱이의 모습을 그림에서 다시 만난다. 과거의 시간이 성큼 안으로 들어온다. 돌로 쌓은 둑이 덜그럭거리고 물이 샌다. 물이 새어 흐르는 것을 애써 막지 않는다. 백지에서만큼은, 아롱이에 대해서만큼은 어떤 감정도 추방하지 않고 껴안기로 했으니까. 용감하게 흐르는 대로 가 보기로 했으니까. 연필을 쥐고, 계측하고, 아롱이의 형태를 잡아 간다. 다리를 타고 떨어지는 반달 모양의 입사각과 길게 내민 혀, 바람에 따라 갈라지는 털의 흐름을 최대한 놓치지 않고 포착한다. 아롱이를 쓰다듬을 때 느껴졌던 감각이 손안에서 되살아나는 것 같다.
　뾰족한 각이 살아 있는 발은 여러 번 수정하여 고치고, 바짝 솟은 귀의 형태를 다듬는다. 색을 덜어내며 투명하게 빛을 반사하는 눈동자를 그린다.

　영상을 다시 한번 틀어 본다. "아롱아!" 외치면 아롱이가 온다. 기적 같다. 누군가를 애타게 불렀을 때, 그토록 나의 외침에 응답해 준 존재가 있었나 싶다. 따뜻한 체온으로 몸을 내주고 물 묻은 피부를 정성껏 핥아 주는. 또 다른 영상을 틀어 본다. 아롱이를 부르면 역시 아롱이가 와 있다. 눈을 감았다가 뜬다. 이미 백지에 아롱이가 도착해 있다.

바다

 교통 체증은 도무지 나아질 기미가 보이지 않았다. 한 시간이면 도착할 거리를 무한히 늘려 가면서, 침묵 속에서 우리는 서툴고 어색하게 바다로 향했다. 무릎에는 꽁꽁 싸매 둔 아롱이의 유골함이 올려져 있었다.

 우리가 바다로 향한 것은 순전히 내 고집 때문이었다. 아롱이를 떠나보내고 나니 바다에 가지 못한 게 마음에 못처럼 걸렸다. 아무리 시간이 지나도, 어떤 수를 쓰더라도 빠질 것 같지 않았다. 나는 선언했다. 나는 당장 바다로 가야겠어. 아롱이의 뼛가루를 바다에 뿌려야겠어.

 해외에 있던 아빠가 귀국하자마자 차를 끌고 길을 나섰다. 그것이 우리가 몇 시간째 도로 한가운데 서 있는 이유였다. 얼마나 시간이 지났을까. 차라리 걸어가는 게 낫겠어. 바다를 가리키는 이정표 앞에서 나는 내렸고, 엄마와 밤이와 함께 바다 쪽으로 걷기 시작했다.

 사람들은 어떤 마음으로 해변을 거닐고 있을까. 모두가 즐겁게만 보였다. 지금 저 사람의 가방 속에 무엇이 들어 있는지 내가 모르듯이, 저 사람도 지금 내가 손에 들고 있는 게 무엇인지 짐작도 하지 못할 거야. 모르면서 우리는 한 공간을 거닐고, 이 해변에서 불행한 것은 오로지 나뿐이라고 착각하며 사는지도 모르겠다. 그런 생각을 하며 파도 쪽으로 가까이 다가갔다.

발치에서 끝없이 찰랑거리는 파도. 나는 유골함의 뚜껑을 열어 한 줌 손에 쥐고 천천히 기도하듯이, 무언가를 녹이듯이 아롱이의 유골을 뿌렸다. 아롱아, 멀리 가. 더 멀리 가도 괜찮아. 그런 말을 중얼거린 것 같다.

바다를 무서워하는 밤이를 보면서, 아롱이가 생전에 이곳에 왔더라면 바다를 어떻게 대했을까 궁금해졌다. 아롱이는 물을 무서워하니까 역시 무서워했을까? 아니야. 혹시 몰라. 바다라면, 저기서 눈부시게 빛을 받으며 헤엄치는 개를 보면 아롱이도 첨벙첨벙 물에 뛰어들고 싶었을지도 몰라. 이 와중에도 피로와 허기가 밀려드는 걸 보면 웃어야 할지 울어야 할지. 우리는 아롱이의 사진을 들고 카메라 앞에서 웃어 보이며 마음을 달래다가 개가 출입 가능한 식당에 자리를 잡았다.

낙조가 정말 아름다웠다. 해변은 온통 붉은빛으로 물들어서 사람들 모두 검게 탄 숯처럼 명암만 보였다. 그들이 서로를 끌어안았다가 멀어졌다가 달리는 모습을 보면서, 조개가 불길에 못 이겨 천천히 입을 벌리는 순간을 멍하니 기다렸다.

식기를 내려놓았다. 엄마, 아빠, 나는 아롱이가 죽고 나서부터 음식 먹는 게 무서워. 다들 아롱이처럼 생명이 있는 존재였을 텐데. 무언가를 먹는 게 죄스러워. 음식을 먹는 둥 마는 둥 하면서. 길은 너무나 막혔지만, 그래도 아롱이를 여기 데려와서 좋다. 덕분에 밤이에게 바다도 보여 주고. 그런 말을 나눈 것 같다.

돌아오는 길이 어땠는지, 어떤 말을 나누었는지 물에 던져진 조약돌처럼 기억 너머로 사라졌지만, 그렇게라도 밤이와 아롱이에게 해변을 보여 준 건 후회하지 않는다.

눈을 감고 생각한다. 아롱이의 일부가 물결을 타고 나와 가본 적 없는 곳까지 멀리멀리 나아가는 장면을. 혹등고래의 등을 스치고, 진주를 품은 조개의 껍질을 스치고, 조류에 마음껏 휩쓸리는 모습을. 짭조름한 바다 냄새를 맡고, 노을 빛을 받으며 파도와 함께 빛나는 순간을. 바다에 두 발을 담가 본다. 노을이 지고 밤이 온다. 애써 마음의 불을 밝히지 않는다.

동물도 천국에 갈 수 있나요?

 사랑의 모양이 저마다 다르듯이 천국의 모양도 저마다 다르지 않을까? 천국이라면 의자 놀이를 하듯 한 존재가 쉬는 공간을 빼앗는 것이 아니라 모두가 사용할 수 있는 의자를 마련해 주지 않을까? 이것이 내가 천국에 대해 상상할 수 있는 최대의 모습인 것 같다. 시를 쓰면서 수많은 단어와 만나지만, 아직까진 천국이라는 단어를 써 본 적이 없는 것 같다. 무언가를 시에 적으려면 그 단어에 대한 실감이나 상상력이 있어야 하는데, 어쩐지 천국은 멀게만 느껴진다.

 그러다 문득 궁금해졌다. 평생을 착하게 살려고 노력하고 속죄한 인간이 죽은 후에 영생을 누리며 부족함 없이 사는 이야기 말고, 다른 존재들에게 천국은 어떤 공간인지 말이다. 아무 포털사이트나 열어서 '강아지 천국'이라고 검색해 봤다. 그리고 곧 씁쓸해졌다. 인간이 천국에 대해 온갖 상상을 늘어놓는 것에 비해 동물에게 허락된 천국은 지나치게 협소해 보였다. **안락사 없는 유기동물의 천국 아무나 키울 수 없다- 반려동물 천국 독일 반려견 전용 테마파크- 너를 위해 숲을 준비했어.** 그 외에 눈에 띄는 것은 반려동물을 먼저 떠나보낸 사람들이 간절히 써 내려간 질문. **동물도 천국에 갈 수 있나요?**

　우리가 현실에서 상상할 수 있는 최대치가 천국의 한 모습이라면, 천국이라는 단어가 인간종에게 쓰일 때와 그렇지 않을 때 어떤 차이가 있는지 곰곰이 생각해 봐야 하지 않을까.

안락사 없는 유기동물의 천국. 아무나 키울 수 없다- 반려동물 천국 독일. 반려견 전용 테마파크- 너를 위해 숲을 준비했어.
부족하고 단적인 예시임을 알지만 문장과 문장을 이어 본다. 환경이 어떻든 상관없이 안락사를 시키지 않고 목숨을 이어 가도록 해 주는 것. 아무나 키우지 않는 것. 숲이 조성된 테마파크를 제공하는 것. 우리가 할 수 있고 상상할 수 있는 최대치가 이것뿐일까? 뭔가 더 있진 않을까. 우리가 현실에서 할 수 있는 일들이…….

　언젠가 펼쳐 든 그림책이 떠올랐다. 신시아 라일런트의 《강아지 천국》. 그 책은 천국을 다음과 같이 묘사했다. 모든 강아지가 호숫가나 들판을 마음껏 가로지르는 곳. 집과 자신만의 공간을 가지고 살아가고 싶은 만큼 살아도 되는 곳. 사랑과 칭찬이 넘치는 곳.

　이외에도 많은 묘사와 표현이 있었지만 살아가고 싶은 만큼만 살아가는 것과 저마다의 집을 갖고 있다는 분상이 유독 눈길을 끌었다. 살아가고 싶은 만큼만 산다는 것은 자신의 삶과 죽음을 결정하는 권리가 그들에게 있음을 뜻하고, 저마다의 집이 있다는 것은 모두가 돌아가 쉴 수 있는 자리가 부족함 없이 마련되어 있다는 뜻일 터다. 천국의 모양이 어떤 것인지 아직도 잘 모르겠지만……. 동물이 꿈꿀 수 있는 단어가 많아지도록 우리가 일상에서 할 수 있는 일을 찾아보면 어떨까. 그리고 바로 실행에 옮기면 어떨까. 동물들이 쓸 수 있는 언어가 너무나 부족하다. 그들이 더 많은 언어를 펼쳐 갈 수 있었으면 좋겠다.

서로에게 기대서 끝까지

나의 두 번째 시집 《서로에게 기대서 끝까지》를 펼치면 가장 먼저 독자가 만나는 구절이 있다. "인간을 사랑해 준 아롱이, 자연이, 사랑이, 궁금이 그리고 지금 제 곁에서 숨 쉬는 밤이에게 이 책을 바칩니다"

출간을 앞두고 출판사에서 질문을 받았다. 시집 앞에 실린 반려동물에 대한 헌사가 인상적인데, 어떻게 해서 이 구절을 생각했는지 말이다. 나는 차근차근 대답했다.

시집을 준비하며 많은 지점에서 흔들렸지만, 이 헌사에 대한 믿음은 단 한 번도 흔들린 적이 없노라고. 첫 번째 시집 출간 직후 아롱이를 떠나보내고 나라는 존재가 인간의 도움으로만 살아가는 게 아니라 아롱이와 밤이를 비롯해서 수많은 존재의 도움으로 살고 있음을 절실히 깨달았다고. 그래서 삶을 빚진 그들에게 헌사를 바치는 것이 나에겐 너무나 당연했다고 말이다.

시집을 꺼내 펼쳐 본다. 색색의 꽃잎을 겹쳐 둔 것 같은 커버를 벗기면 돛을 올리고 수평선을 향해 나아가는 강아지 한 마리가 등장한다. 지금 여기까지 글을 읽어 본 독자라면, 그 존재가 누구인지 짐작할 것이다. 바로 아롱이다.

그림을 그린 때가 생각난다. 이제 여기서는 두 손으로 아롱이를 찬찬히 만져 볼 수 없지만, 내가 미처 보지 못하는 어떤 곳에서는 아롱이가 계속해서 나아가고 있을 거라는 믿음. 나와는 보지 못한 풍경을 보고, 동그란 두 눈을 반짝이며 세상의 아름다움에 감탄하고, 코를 킁킁이며 냄새를 맡아 볼 거라는 바람. 간절한 희망들.

제목을 다시금 곱씹어 본다. 자신에 대한 믿음도 제대로 지키지 못하는 내가 이 대범하고 용기 있는 말을 제목으로 삼은 것은 아롱이가 내준 사랑 덕분이 아니었을까. 서로에게 기대서 매일같이 걷고, 몸을 비비고, 웃고, 함께 잠드는 삶을 아롱이가 가져다준 덕분 아닐까.

'서로에게 기대서 끝까지'는 내게 먼 단어가 아니다. 꿈같은 이야기가 아니다. 내가 가장 사랑한 존재와 구체적으로 겪은 단어이며, 지금 내 옆에 있는 밤이와 계속해서 배우는 단어이기도 하다.

한 사람이 태어나서 죽을 때까지 배울 수 있는 단어가 과연 몇 개나 될까 곰곰이 생각해 본다. 사전에 나오는 단어의 정의나 누군가에게 건네받은 단어가 아니라 정말 내가 구석구석 온몸으로 실감하고 느끼는 단어 말이다. 그런 단어는 몇 개나 될까?

오만하지만 나는 여기서 아롱이와 밤이를 통해 배운 단어 몇 개를 감히 말해 보고 싶다. 먼저 호명이다. 호명은 한 시인의 말마따나 피 묻은 냄새가 나기 마련이다. 호명은 존재를 가두고 억압하기도 하니까. 하지만 내가 아는 호명에는 기적이라는 뜻도 있다. 한번 이름을 크게 외치면 정말 그 존재가 눈앞에 와 주는 기적. 어떤 왜곡이나 거짓 없이 그 자체로 모습을 드러내 주는 기적. 손에 닿는 온기, 얼굴에 닿는 축축한 혀. 내가 아는 호명에는 이런 냄새가 잔뜩 묻어 있다.

다음은 산책이다. 나에게 산책은 건강이라는 단어나 혼자만의 상념과는 거리가 멀다. 오히려 다른 존재와 끝없이 보폭을 맞추며 덜그럭거리는 것에 가깝다. 침묵 속에서 이루어지지만 어느 때보다도 떠들썩하고 활기차다.

죽음. 나는 아롱이를 통해 사랑하는 존재의 죽음이 얼마나 폭력적일 수 있는지, 남겨진 자에게 얼마나 큰 상처를 낼 수 있는지 배웠다. 트레이에 줄을 맞춰 얼어 있는 얼음처럼 얼마나 차갑고 무뚝뚝한 것인지. 어떤 것으로도 되돌릴 수 없다는 것이 무엇을 의미하는지 여실히 깨달았다.

그럼에도 불구하고 사랑이라는 단어를 깨달았다. 첫 시집을 출간하고 혼자 간 여행에서 쓴 일기에는 다음과 같은 구절이 있다. "어떤 슬픔은 내 속을 다 갈고 가지만, 어떤 슬픔은 내 속을 돌아다녀도 아무것도 훼손하지 않는다. 부드럽게 일으켜 세운다. 전에는 알지 못한 것이다." 아롱이를 만나기 전까지만 해도 나에게 슬픔은 한 종류였다. 거세게 내 안을 깨뜨리고 가는 슬픔. 그러나 아롱이를 통해 안 슬픔은 나를 부드럽게 훑고 갈 뿐 아무것도 부수지 않았다. 오히려 날 일으켜 세우고 다른 쪽으로 이동하게 만들었다. 어느 순간 내가 이젤 앞에 서 있었던 것처럼 말이다. 내가 겪은 그 슬픔이 사랑의 얼굴임을 알게 된 것은 그때부터 한 시기를 지나온 지금에서야 깨달은 것이다. 그렇게 나는 사랑의 다채로운 얼굴을 아롱이를 통해 배웠다.

내가 겪은 단어가 만들어 낸 한 권의 책을 바라본다. 제목을 따라 읽다가 이 책이 아롱이와 먼 곳까지 갔으면 좋겠다고 생각한다. 모르는 사람의 가방에서 다른 물건과 뒤섞이고, 손에서 손으로 옮겨져 엉뚱한 곳에서 덩그러니 발견되고, 바람과 빗방울이 마음껏 페이지를 넘기고 두드리고 갔으면 좋겠다고 생각한다. 그렇게 많은 사람의 일상과 낯선 풍경 속으로 스민다면 더 바랄 것이 없겠다고. 너무나 큰 바람 같기도 하지만, 혹시 모르는 일 아닌가 싶다. 내가 건넨 시집이 당신의 손으로 옮겨지고, 당신의 손에서 다시 또 다른 누군가에게로 옮겨지고……. 그것이 끝없이 반복되면 상상하지도 못한 먼 곳까지 가 닿을지 알 수 없는 일이다. 지금 이 책이 당신에게 닿을 거라 내가 생각하지 못한 것처럼 말이다.

혹시 거기에 있나요?
지금 내 이야기를 듣고 있나요?

첫눈이 왔다고 한다.

그러나 내리지는 않았다고 한다.

공식적으로 첫눈이 인정되려면 서울기상관측소의 분석원들이 육안으로 직접 확인해야 하는데, 아직 이런 사실이 보고되지 않았으므로 첫눈이 내린 것은 아니다.

이것이 기상청의 입장이다. 마음속에 눈이 내린다. 오직 나만 알고 볼 수 있는 눈. 나만이 느낄 수 있는 눈. 세상 사람들 그 누구도 내게 눈이 오는지 모른다. 그 눈발이 점점 거세지고 더 거세져 내 마음속 지붕과 리기다소나무를 하나씩 쓰러뜨리는 걸 모른다. 붕괴하고 신음하는 걸 모른다.

"오늘은 어떤 이야기를 할까요?"

상담 선생님이 묻는다.

"아롱이 이야기를 하고 싶어요. 요즘은 아롱이에 대한 책을 쓰면서 시간을 보내거든요."

나는 고백한다. 두서없이.

"사실은요, 아롱이가 떠난 지 2년이 되었지만 아롱이에 대해 쓰는 게 두렵고 무서워요. 자꾸 피하게 돼요."

"아직 상처가 아물지 않았군요"

"네. 언제까지나 아픈 상처일 거예요."

아롱이에 대해 타인과 나눌 이야기가 없다고 생각했는데, 물꼬가 트이자 마음이 마구마구 흐르기 시작한다.

"힘들 때는 어떻게 했어요?"

선생님이 묻는다.

"아무에게도 말하지 않았어요. 가족과도 죽음을 나누는 것이 싫어서 매일 밤 모두가 잠든 새벽에 이불을 뒤집어쓰고 혼자 조용히 울었어요."

"생각보다 많은 사람이 반려동물을 잃은 슬픔을 다른 사람과 나누려 하지 않아요."

생각보다 많은 사람이 슬픔을 나누려 하지 않는다는 말. 그 말에 왜 이렇게 유리알처럼 남는 것일까. 나와 비슷한 경험을 한 사람들이 있다는 데서 오는 위안이 아니라 어떤 사람들은 분명히 알고 있다는 데서 오는 말로 표현하기 어려운 유대감. 어떤 슬픔은 아무리 작게 쪼개려 해도 쪼개지지 않는다는 것. 아무리 말을 하고 외쳐도 줄어들지 않는다는 것.

누군가는 의아해할지도 모르겠다. 아롱이에 대한 책을 쓰는데, 정작 아롱이에 대해 말하기가 어렵다니.

"아롱이를 생각하면 뭐가 가장 떠올라요?"

"그냥 웃는 모습이요. 그게 다예요."

상담을 끝내고 책상에 앉아 아롱이에 대해 곰곰이 생각한다. 내가 할 수 있는 말은 무엇일지 골몰하며 원고를 들춰 본다.

"같은 경험이 있는 사람들에게 이 책은 위로가 될 거예요. 책을 내고, 누군가 다연 씨의 글을 읽고 어떤 이야기를 들려주고 함께 나누고. 그런 경험이 다연 씨의 상처를 다른 곳으로 이끌 거예요."

정말 그런 일이 가능할까. 한 번도 얼굴을 모르는 누군가와 아롱이를 잃은 슬픔을 나눌 수 있을 거라고 생각하지 않았는데. 혹시 거기 있나요? 지금 내 이야기를 듣고 있나요? 물어보고 싶은 새벽이다.
저는 아직까지 제 글이 나 자신에게 어떤 위로가 될지 모르겠어요. 아무것도 모르면서 이 글을 쓰고 있어요. 혹시 이 글이 닿으면 저에게 당신의 이야기를 돌려줄 수 있을까요? 저에게는 당신의 이야기가 절실히 필요해요. 그 이야기가 저를 어디에 닿게 할지 궁금해요.

답신 없는 편지를 유리병에 담아 바다에 보내듯 문장을 모아 책을 쓴다. 눈이 내린다. 내린 눈이 녹아 내 머리카락을 적시고, 입술을 적시고, 손을 적신다. 눈이 멈추지 않는다. 나만 아는 눈이 하염없이 내린다. 공식적인 첫눈은 아니라고 한다.

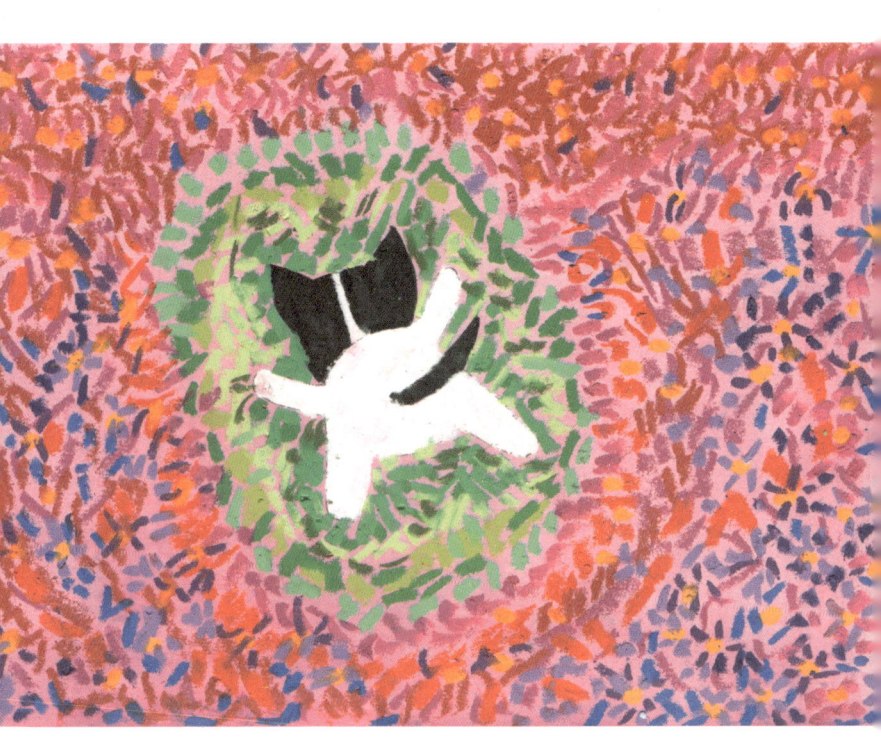

최선을 다해 이별을 맞이하는 법

　사랑하는 존재와 언제, 어떻게 작별할지 알았다면 덜 슬펐을까. 조금 덜 후회했을까. 갑작스럽게 아롱이를 사고로 떠나보내고 가장 많이 한 생각이다. 하지만 이제는 안다. 사랑하는 존재의 죽음을 예상했든 하지 못했든, 함께 한 시간이 얼마나 길고 짧든 더 슬프고 덜 슬픈 것은 없다는 걸. 사랑하는 존재와의 작별은 언제나 아프고 쓰라리다. 최선을 다해 마지막 인사를 건넸다고 생각했는데 아쉬움과 후회가 남는다. 시간이 지날수록 알게 된 사실은 내가 그동안 한 일이라고는 그가 떠난 빈자리와 오롯이 마주하기 위해 주변에 널브러진 물건과 파편을 정갈하게 정리했을 뿐이라는 것이다. 이번 장에서는 반려동물의 장례식장을 알아보는 것 외에 내가 아롱이와 실질적으로 이별을 맞이했을 때 조금이라도 도움이 된 방법을 솔직하게 적어 보려고 한다.

1. 충분히 이별하는 시간 갖기

　사랑하는 존재가 죽음을 맞이했을 때 당신은 놀랄 것이다.

그토록 따뜻하고 생기 가득한 반려동물이 그토록 빠르게 차갑게 식어 버릴 수 있다는 것에 대해. 딱딱하게 굳어 버릴 수 있다는 것에 대해. 생각보다 많은 이가 이 과정을 지켜보는 일이 너무나 고통스러워서 빠르게 장례를 치르는 경우가 많다. 어떤 것이 맞고 틀리다 할 수는 없지만, 나는 하루 동안 아롱이와 함께 시간을 보냈다. 물수건으로 항문과 털을 정성껏 닦아 주고, 얼마나 고맙고 미안한지, 사랑하는지 말해 주었다.

2. 내가 한 말 녹음하기

화장터에 가기 직전 아롱이와 침대에 누워 마지막 인사를 나눌 때 나의 목소리를 휴대폰에 녹음했다. 이것은 죽음 직후보다는 시간이 지나 깊은 무력감과 슬픔이 찾아올 때 큰 도움이 되었다. 내가 얼마나 필사적으로 아롱이에게 작별 인사를 했는지 듣고 있으면, 마지막 순간에 내가 얼마나 최선을 다했는지 인정하고 받아들일 수 있다.

3. 발톱과 약간의 털을 잘라서 보관해 두기

사랑하는 존재의 육체가 하루아침에 사라져 버리는 건 무척이나 괴로운 일이다. 그 이유가 갑작스러운 사고라면 더욱더 당황스럽다. 어떤 것도 위안이 되지 않지만, 사랑하는 존재를 기리고 추억할 때 볼 수 있는 약간의 흔적을 남겨 두는 건 도움이 된다. 나는 발톱과 약간의 털을 잘라 두었다(아롱이가 살아 있을 때 발자국 흔적을 남겨 두지 못한 것은 무척 아쉽다).

4. 생전에 쓰던 물품은 천천히 정리하기

반려동물이 쓰던 물품을 어떻게 정리할 것인지, 사람마다 상황마다 다 다르지만, 나는 천천히 시간을 가지고 정리했다. 사용하던 밥그릇과 옷가지는 애써 버리지 않고 한곳에 잘 정리해 두었다. 아롱이를 떠나보낸 지 2년이 지났지만 정리할 엄두를 내지 못한 것도 있다. 아롱이 체취가 밴 담요와 유골함. 무엇이든 자기 속도에 맞추는 것이 가장 좋다.

5. 마지막에 함께 들을 음악 생각해 두기

화장터에 들어가기 직전 이어폰을 꺼내 아롱이와 음악을 나눠 들었다. 아롱이에게 너무나 많은 울음소리를 들려준 것이 미안해서였다. 아롱이 마음이 조금이라도 편안해졌으면 좋겠다는 생각에 밝고 평안한 노래를 오래오래 나눠 들었다. 한참을 엎드려 있다가 마침내 준비가 되었을 때 아롱이를 데려가도 좋다고 말했다.

6. 그림 그리기

반려동물의 죽음은 어찌할 수 없는 영역이지만, 애도의 시간은 어떤 존재도 함부로 앗아 갈 수 없다. 나는 깊은 무기력에 빠져 있다가 내 방식대로 아롱이를 애도하는 방법을 찾았다. 바로 그림 그리기였다. 어떤 방식을 택하느냐는 사람마다 다 다를 수 있지만, 나는 내가 해 보지 못한 영역을 그 출발점으로 삼았다. 새로운 무언가를 배우고, 그 과정을 통해 완성된 결과물을 마주하는 일은 무력감과 무능감으로 가득 찬 일상에 활력을 주었다.

부족하지만 나에게 도움이 된 여섯 가지 방법을 적어 보았다. 한 존재를 떠나보내는 일에 정답 같은 게 있을 리 없지만, 지금도 어디선가 최선을 다해 반려동물의 곁을 지키고, 이별을 마주하고 있을 분들을 생각한다. 그분들의 용기에 나의 작은 용기를 보태 본다.

마지막 아롱이 소묘

"오늘을 끝으로 마무리할게요."

선생님의 말씀에 1년 남짓한 시간이 주마등처럼 스쳐 지나갔다. 두려움과 긴장 속에서 처음 백지 앞에 선 날부터, 계절의 문턱을 넘으며 그림과 함께 건강을 되찾기 위해 무던히 노력한 나날들. 발끝에 힘을 주며 스스로를 일으켜 세운 시간 앞에서 나는 생각보다 덤덤했다.

지금은 그림에 집중할 때야. 온 힘을 다 쏟아 부어야 해. 나 자신을 다잡고 그림 안에서 부족한 부분이 무엇인지 최종적으로 점검하기 시작했다. 마지막 작품인 만큼 어느 때보다도 엄격하고 섬세하게 임해야 했다. 가장 먼저 배경색과 아롱이의 털이 만나는 자리를 수정했다. 서로 다른 질감을 가진 두 영역이 자연스럽게 이어지면서도 명확하게 구분되도록 신경을 곤두세웠다.

다음으로는 오돌토돌 돋은 코의 표면을 표현하는 데 집중했다. 날렵하게 자른 지우개 끝으로 아주 작은 점을 만듦과 동시에 연필을 이용해 각을 잡고 명암을 분명하게 드러냈다. 이외에도 콧등을 타고 흐르는 털의 흐름과 색 차이가 명확하게 드러나는 눈동자, 사방을 향해 날렵하게 뻗어 가는 수염을 차분히 그려 넣었다. 최대한 가늘고 가늘게.

이 같은 과정을 얼마나 반복했을까. 끈덕진 인내와 집요한 노력 끝에 드디어 마지막 작품이 완성되었다.

그때 등 뒤에 다가온 선생님이 말했다.

"수고 많았어요. 이제 다음 시간에는 어떤 걸 그릴지 생각해 봐요."

그 말을 듣는 순간 나를 팽팽하게 잡아당기던 긴장의 끈이 한 번에 툭 끊어진 느낌이었다. 수많은 감정이 교차했다. 조금 더 최선을 다할 수 있지 않았을까 하는 아쉬움과 드디어 해냈다는 뿌듯함 그리고 막막함. 한마디로 응축해 표현할 수 없는 감정 앞에서 잠시 길을 잃은 기분이었다. 이제부터는 무엇을 그려야 하지? 어떻게 하면 될까? 질문이 소용돌이치듯 나를 휩쓸고 지나갔다.

그때부터 두 계절이 지난 요즘 아직도 그림을 그린다. 오랜만에 만난 친구들은 내가 계속해서 그림을 그리고 있다는 사실에 놀라곤 한다. 그 출발점이 아롱이였다는 이야기를 듣고 나면 더더욱.

얼마 전 내가 그린 그림을 살펴보던 한 친구는 조심스레 말했다. 이렇게까지 힘들어하는 줄 몰랐다고. 알아주지 못해서 미안하다고. 나는 그렇게 생각하지 않아도 된다고, 다 괜찮다고 말했다. 물론 그림을 그리면서 힘든 순간이 없었던 건 아니다. 하지만 그 시간이 마냥 아프고 슬프지만은 않았다고 자신 있게 말할 수 있다. 그림을 그리는 행위를 통해, 백지라는 또 다른 공간을 통해 아롱이와 만나면서 나는 충분히 기쁘고 행복했다. 이 책을 보는 사람들이 슬프지 않았으면 좋겠다. 그보다는 저마다 마음 깊숙한 곳에 간직한 소중한 존재를 한 번씩 꺼내 보고, 그들이 가져다준 단어과 풍경 속에 잠시나마 머물기를 바란다.

드디어 올해의 첫눈이 내렸다. 산뜻하게 쌓인 눈과 아이들이 만들어 놓은 눈사람을 지나며 밤이와 함께 아롱이가 없는 세 번째 겨울을 맞았다. 몇 년째 꾸준히 다니는 병원에서는 이제 약을 끊을 수 있는 방법을 찾아보자고 말했다. 여전히 겨울은 매섭게 춥고 나는 아직도 어딘가를 향해 끊임없이 서성이는 것 같지만. 앞으로도 그러하겠지만. 오늘만큼은 한 문장을 마무리 짓는 마침표의 힘으로 나를 힘껏 안아 주고 싶다.

새해 소원

새해에는 다짐을 줄일 거예요.
남천나무를 가꿀 거예요.
하루 한 번 창문을 활짝 열어 환기하고
숨이 찰 때까지 달릴 거예요.
무언가를 덜 사는 삶을 살 거예요.
조금 덜 빛날 거예요.
반짝이는 제 욕심 때문에 다른 존재들이 덜 다치도록.
아무리 피곤해도 밤이와 걸을 때는 한 걸음 더, 열 걸음 더 걸을 거예요.
낯설고 신기한 냄새를 맡을 수 있도록.
소중한 친구에게는 꼭 손편지를 쓰고
나에게 해 줄 수 있는 음식을 늘릴 거예요.
혼자라는 단어를 잘 돌볼 수 있게요.

지금 제 곁에 있는 밤이
그리고 아롱이.

하루에 한 번은 눈을 감고 셋이 되어 걸어 볼 거예요.
해변을, 밤하늘을, 불 꺼진 도시를. 혼자가 아니라, 단둘이 아니라 셋, 셋이서.

그러나 혐오보다, 무례하고 모욕적인 말보단 사랑이었으므로 아롱이가 대상과 사람과 세상을 향해 보여 준 것은 그런 것과는 전혀 다른 것이었으므로 신인류는 괜찮았다. 좀 더 강해지고 단단해질 수 있었다. 아롱이와 계속 걷고 싶었기 때문에.

*

2019년 8월 26일 아롱이가 숨을 거두었다. 늦은 밤 신인류는 밤이를 데리고, 그녀의 어머니는 아롱이를 데리고 조금 떨어져서 산책하고 있었다. 그런데 풀숲에서 냄새를 맡고 나오던 아롱이가 갑자기 쓰러졌다. (후에 병원 엑스레이를 통해 알아낸 사실이지만) 산책하던 아롱이가 풀숲에서 무엇인가를 집어삼켰고, 그것은 곧바로 아롱이의 기도를 완전히 막아 버렸다. 그로 인해 아롱이는 의식을 잃고 기절했다. 어떤 일이 벌어진 건지 모르는 채 아롱이가 무언가를 삼켰고, 그것 때문에 아롱이가 쓰러졌다는 사실을 모르는 채 심폐소생술로 코에 숨을 불어넣으며 경찰차를 타고 응급실에 갔다. 아롱이가 깨어나길 간절히 바라면서. 그것이 최선이었고 최대치의 노력이었으나 도착했을 때 수의사는 할 수 있는 일이 없다고 말했다.

그날 신인류는 병원에서 아롱이를 데려와 이불로 감싸고, 곁에 두고, 밤을 지새웠다. 그리고 아침이 왔을 때 아롱이를 자신의 침대로 데려가서 오랫동안 함께 누워 있었다. 어느 날의 아침처럼, 늘 그랬던 것처럼. 평범하게.

아롱이를 화장하고 이틀이 지났을 때 문 앞에 첫 시집이 도착해 있었다. 기뻐할 수 없었다. 옳지 않은 생각이라는 것을 알지만 아롱이와 시집을 맞바꾼 기분이었다. 첫 시집을 준비하는 동안 신인류가 무너지지 않도록 아롱이가 떠나지 않고 기다려 줬다는 느낌을 지울 수 없었다. 지켜 줬다는 생각을 지울 수 없었다. 아롱이가 최종 원고를 넘기기 전에, 출간 일정이 다 끝나기 전에 곁을 떠났다면 자신은 완벽히 무너졌을 거라는, 최선을 다하지 못하고 포기했을 거라는 확신이 그녀에게는 있다.

신인류는 침묵했다. 그 누구와도 죽음을 공유하고 싶지 않았다. 공유하지 않았다. 더 단단히 침묵했다. 학교에 가고, 낭독회를 하고, 강의를 나가고, 글을 쓰고, 어느 때보다 바깥을 향해 나아갔지만 그 어느 때보다도 폐쇄적이었다. 밖에 있을 땐 최대한 밝아졌고 집으로 돌아와서는 바닥까지 어두워졌다. 어떻게든 자신을 추슬러 보려고 떠난 여행 내내, 비행기를 타고 집으로 다시 돌아오는 내내 눈에서 눈물이 줄줄 샜다. 어디서든 울 수 있었다. 다른 사람들 앞에서 웃는 동안에도 농담을 하면서도 울 수 있었다. 운다는 것을 모두에게서 숨길 수 있었다. 그리고 마침내 더는 견딜 수가 없었다. 머리가 고장 나 터져 버렸다는 것을 더는 무시할 수 없었다.

*

조금 더 시간이 지나면 아롱이가 떠난 지 1년이 되어 간다. 신인류는 요즘 그림을 배우러 다닌다. 재주랄 것이 없는 그녀가 유일하게 좋아하는 것은 무언가를 배우는 일이다. 단발적인 것이라도, 아주 작고 사소한 것이라도 그것을 하기 전과 후가 같은 사람일 리 없다고 신인류는 생각한다.

돌이켜 보면 그녀는 늘 무언가를 배우면서 어떤 시기를 통과해 온 것 같다. 어떤 시기에는 글쓰기였고, 철학 수업을 듣는 것이었으며, 낯선 외국어를 배우는 것이었다. 도예를 배우기도 했고 요가를 배우러 다니기도 했다. 무언가를 배우는 게 지루해지면 그만두었다. 아무것도 하지 않다가 훌쩍 여행을 떠났다. 최대한 멀리, 더 멀리 갈 수 있다고 스스로에게 말하면서.

갈수록 무언가를 배우는 게 두려워지고 무서워진다. 움직이고 싶지 않다. 익숙한 것을 깨부수고 싶지 않다. 불편함을 감수하고 싶지 않다. 새로운 것을 알고 싶지 않다. 내가 어떤 것에 대해 완벽히 무지할 뿐 아니라 서툴고 미숙해서 그로 인해 실수를 반복하는 것이 싫다. 그 실수로 인해 누군가를 상처 입힌다면 정말 최악이라고 스스로에게 말한다. 미끄러지고 넘어져서 바닥에 엎어진 날 일으켜 세워 주고 싶지 않을 때가 많다.

그런데 또다시 신인류는 무언가를 배운다. 그림을 그리러 나간다. 어찌됐든 회피하거나 먼 길로 돌아가 우회하고 싶지 않다고 말한다. 그것과 제대로 마주 앉아 대화해 보지도 않고, 정중하게 예의도 갖추지 않고, 기다리지도 않고 무시하는 것이야말로 세상 그 누구보다 스스로에게 가장 큰 부례를 범하는 것이라 생각한다. 나는 나 자신에게 무례하고 싶지 않다. 내가 할 수 있는 한 최선을 다해 나 자신을 존중해 주고 싶다.

신인류가 꿈꾸는 책은 이런 것이다. 그림을 못 그리는 인간이, 어떤 존재를 기억하기 위해 그림 그리기를 시도하는 과정을 담은 책. 엉성하더라도, 잘 그려 내지는 못하더라도, 힘이 닿는 데까지 자신이 사랑하는 존재의 모든 윤곽과 마주하는 책. 그것을 그려 내 보려 애쓰는 책. 요즘 내가 꿈꾸고 상상하는 책이다.

*

 이 책을 시도하고 싶다고 말했을 때 수학자와 누텔라는 나를 진심으로 응원했다. 내가 깊이 어두웠을 때 곁에 있어 주고 돌봐 주었다. 그리고 이 공간에서 이런 얘기를 하는 게 낯부끄럽고 폐가 될까 조심스럽고 송구스럽지만 말해야겠다. 문에게 감사하다. 내가 지난 시간 동안 하지 못한 일, 내가 느낀 슬픔을 언어로 바꾸고 다른 사람과 공유하는 일, 불가능하다고 생각한 일을 하게끔 만들어 주셨다. 내가 사랑하는 존재에 대해 말할 수 있도록 해 주셨다. 갑자기 시상식 소감문이 된 것 같지만, 내가 사랑하고 애정하는 사람들이 너무나 멋져서 나도 조금은 용기를 낼 수 있는 것 같다.

 오늘도 꿈꾸는 차와 그것을 유지할 경제력을 얻기 위해 열심히 일하는 수학자와 곧 마이크를 구입해 꿈을 이뤄 낼 구체적 방안을 마련하여 날 만나러 올 누텔라의 꿈을 응원한다.

 수학자 소유의 엄청 비싼 외제차 조수석에 앉아 누텔라가 작곡한 노래를 틀어 놓고 함께 흥얼거리며, 완성된 아롱이 책을 들고 출간 기념회에 가는 날을 기다린다. 많은 독자 여러분도 신 시 약쟁이들의 도전을 응원해 주셨으면 좋겠다. 긴 글 읽어 주셔서 감사합니다.
 지금 내 등 뒤 이불 속에서 숨 쉬는 밤이 그리고 아롱이, 사랑해!

부록

신시 약쟁이 신인류의 꿈

 어쩐지 카프카의 소설 《변신》의 주인공 그레고리 잠자와 영혼이 연결되어 있다고 느끼는 신인류는 어느 날 아침 잠에서 깼을 때 자신의 인생이 총체적으로 망가졌음을 깨달았다. 그와 동시에 그 부서진 삶을 복구하고 구원해 줄 존재는 지구상에 오직 단 한 사람, 신인류 자신임을 알았다.

 그리하여 신인류는 '신시 약쟁이' 모임 단톡방에 다음과 같은 메시지를 보냈다. "신시 약쟁이들아, 모이자. 모여서 서른 살이 되기 전에 이루고 싶은 꿈을 하나씩 말하고, 이루자. *추신 문학은 제외!" 여기서 잠깐, 신시 약쟁이들에 대해 설명해야 할 것 같다. 신시 약쟁이 모임은 사주상 신시(15~17시)에 태어난 세 명이며, 저마다의 사정과 이유로 약을 복용하고 있다. 모임의 구성원은 신인류, 수학자, 누텔라다.

 신시 약쟁이들은 집 근처 카페에 모여 인생을 도모하기 시작했고, 각자의 꿈을 교환했다. 수학자는 서른 살이 되기 전에 차를 사는 것과 그것을 유지할 수 있는 경제력을 갖추는 것이 꿈이라 말했다. 누텔라는 작사-작곡과 자신이 만든 곡으로 사람들 앞에서 비스킹을 해 보는 것이 꿈이라고 말했다.

마지막으로 신인류가 말했다.

"나는 아롱이에 대한 책을 쓸 거야."

*

아롱이는 2016년 11월 24일 추운 겨울, 사랑스러운 강아지 밤이의 몸에서 태어났다. 태어났을 당시 몸이 무척 작고 연약해서 신인류의 걱정을 샀지만, 고맙게도 아롱이는 공놀이와 달리기를 잘하는, 땅 파기에 탁월한 능력을 가진 건강한 강아지로 자라 주었다.

신인류는 감히 말할 수 있다. 자신의 삶은 아롱이를 만나기 전과 후로 나뉜다고. 아롱이가 신인류의 집으로 온 2016년은 그녀의 삶에서 가장 큰 불안감 속에 글을 쓰는 시기였고, 2017년과 2018년은 그로 인해 끝도 없는 무기력에 빠져든 시기였다. 이 시기에 아롱이는 신인류가 전에는 보지 못한, 아롱이를 통해서만 알 수 있는 세계를 열어 주었다. 아롱이가 신인류에게 가져온 변화는 수도 없이 많지만 지면을 빌려 몇 가지만 이야기해 보겠다.

1. 아롱이와 매일매일 산책을 하는 신인류는 놀라웠다. 분명 똑같은 길인데 아롱이와 함께 걸으면 매일매일 새로운 것들이 보였다. 그것은 버려진 인형이었다가 가장자리에 피어난 풀꽃이었다가 작은 눈사람이었다가 테니스공이었다가 누군가 들고양이를 위해 두르고 간 담요였다. 아롱이는 사람이 다니지 않는 길로, 사람이 길이라고 생각하지 않는 길로 신인류를 데려갔고, 보지 못한 것들을 보여 주었다. 가볍게 꼬리를 흔들면서.

2. 누군가를 만나기 위해 외출하는 것도, 집 밖으로 나가는 것도 좋아하지 않는 신인류는 아롱이와 지내고부터 하루에 세 번씩 산책을 나가기 시작했다. 여러 이유가 있지만 아롱이가 가장 좋아했기 때문이다. 아롱이가 세상을 바라보는 눈빛을 신인류가 사랑하게 됐기 때문이다. 신인류는 하루도 빠지지 않고 바깥으로 나갔고, 거기서 매일의 공기를 마주했으며, 사람들과 부딪혔고, 아롱이가 네 발로 세상을 내디딜 때 내는 소리를 들었다.

그리고 그것은 신인류의 내면을 바꿔 놓았다.

네가 산책을 좋아한다면 나도 산책하는 것이 좋아

네가 공놀이를 좋아한다면 나도 있는 힘껏 공을 던진 다음 그 공을 입에 물고 네가 돌아오는 것을 바라보는 게 좋아

네가 사람을 좋아한다면 나도 '사람'이라는 존재를 조금은 더 좋아할 수 있을 것 같아

네가 세상을 그런 눈빛으로 바라본다면 나도 그런 세상을 조금은 더 좋아할 수 있을 것 같아

조금 더 사랑할 수 있을 것 같아

그와 동시에 신인류는 아롱이를 통해 명백한 폭력과 혐오에 대해서도 알았다. 그녀는 처음으로 자신이 다른 사람들 눈에 어떻게 비춰지는지 알게 되었다. 신인류는 혼자 걸을 때보다 아롱이와 함께 걸을 때 사람들에게 좀 더 쉽게 눈에 띄었는데, 그것은 신인류가 젊은 여성이라는 점을 부각시켰다. 사람들에게 젊은 여성은 맘껏 무례해져도 되는 대상인 것 같았다. 동물은 함부로 해도 되는 도구인 것 같았다. 그 무례함과 혐오적인 시선과 말들은 그녀의 시를 완전히 바꿔 놓았다. 신인류의 언어는 전으로 돌아갈 수 없었다.

《마지막 산책이라니》를 후원해 주신 여러분 감사합니다

이소연 양연주 이경진 임국영 유연상 안경화 최창석
조경화 김보민 김선경 정정식 문성희 정인범 장혜욱
도화북스 정대철 우다영 임길주 이혜인 김형채 장효정
이성갑 바람 김송희 신미나(싱고) 김누리 김지윤
문보영 오수민 김기쁨 최봉기 유현아 곽영옥 박소정
이은비 안희연 주리빈 유계영 박소현 이성미 최선경
차하나 한연희 배수연 조종란 이주형 조온윤 김대규
이상희 남형석 박한얼 이다율 권계성 김은지 권창섭
우은주 전예은 이지안 이기현 윤단 김소연 이소호
김혜원 도문영 박은지 이은선 윤유나 이진아 신혜선
김효선 최지은 이기리 김택수 주민현 정지혜 조혜령
지효 전기화 유지혜 임규형 송진주 김동회 박은희
김미하 임지은 최수경 박수진 김상우 홍길동 석양정
임상훈 이시윤 나푸름 강신지 신지은 이지선 김지영
성현아 김다현 루치아

마지막 산책이라니

초판 1쇄 발행 2022년 1월 31일

지은이/정다연
마케팅/이혜인 김보민
교정 교열/노경수
표지 디자인/박지해
편집/김택수
펴낸곳/출판사마저
펴낸이/오현지

주소/강원도 춘천시 소양고개길 50 2층
전자우편/bookmz2021@gmail.com
ISBN 979-11-972591-5-9

*이 책 내용의 전부 또는 일부를 재사용하려면
반드시 저작권자와 출판사마저 양측의 동의를 받아야 합니다.

*책값은 뒤표지에 표시되어 있습니다.